展讀文化出版集團
flywings.com.tw

展讀文化出版集團
flywings.com.tw

展讀文化出版集團
flywings.com.tw

超簡單！讓你成為姓名學大師

李宗駒　周育宗　著

文興出版事業

大家好！初次見面多指教！

　　説真的，這本書能跟大家見面實在是很不容易的一件事，這本書筆者寫了六年才寫完。剛開始會想提筆寫作，純粹只是因為學習姓名時沒有好書，讓筆者繞了很多不必要的冤枉路，所以將心比心，想寫一本可以很容易且又真的可以學會姓名學的書，算是回饋在筆者學習時分享很多心得給筆者的網友及同修而已。沒想到這一寫就不得了，印證越來越多，心得也越來越多，什麼是多重磁場的互動？什麼是天時地利與人和的搭配？生肖、天運、九宮、五格、十神...這麼多的派門差異在哪裡？又如何取捨及應用？瓶頸一個一個突破，竅門一個一個貫通，論斷開始由好壞的分別，進入了好有多好壞有多壞的境界。也因此書寫不下去了，心得太多，重點太多，實在不知該從何下手起，一拖就六年了。説了要寫，沒寫就好像欠了別人什麼似的，一直很不好受，一顆心也一直放不下。

　　直到今年六月筆者自己應數了（姓名學真的很準！），以前的老師説「算命算準了，只是吃飽等死！」，真的嗎？孔子説「不知命無以為君子」，這句話筆者想了很久，其實事前都知道的，卻還是忽略了，難道人生真的不能改變嗎？筆者打從心裡認為可以的，但是要非常小心，因為變數很多，要注意很多細節（這些細節我們下面就會談到）。所以筆者決定把這十多年來的心得全數寫出來，讓人人都能學會姓名學，人人都能趨吉避凶，而不要一生在五行中打轉，讓命算準一點意義也沒有，希望大家都能做自己人生的主人，那麼筆者的一點心願也算了了。

　　姓名學在末法時期其實是一個殊勝的法門，說它簡單其實卻很複雜，原因在於人與人之間會互動，也因為如此，人生不是宿命的，因為我們可以選擇互動的對象，產生一加一大於二的效果，甚至大於三大於四，進而追求自己理想的人生。當然相對的，一但選錯了對象，那人生的波折就不是你我可以想像的。這幾年筆者看太多娶錯老婆事業一夕之間垮掉，嫁錯老公成為台灣阿信，最嚴重的就是生錯小孩導致負債千萬夫妻外遇等種種問題。筆者會加把勁努力的寫，心急的讀者可藉由書後的服務先鑑定看看，或是直接與筆者聯絡亦可，知道問題才能改善情況，知命不是要認命，知命是要能「革命」！

　　姓名學可概分為「筆劃數」與「用字」兩大項，這本書先談到的是筆劃數的入門，希望讀者們可以逐章研讀，第二章較深些可先跳過，這樣一來才能建立完整的觀念與系統架構，然後接下來還有「數靈論」、「字形論」以及流年運勢的看法，最重要的是多重磁場的互動要如何看，最後筆者想再談一談「先天八卦」在五術真正的功能，而這也是本門的重要心法之一，這樣算一算至少要寫個五、六本書吧！希望大家能多支持，讓這個方便法門能發揚光大，筆者自當不勝感激。

李宗駟　丙戌於品心小筑

周 序

　　剛接觸姓名學時，心中偶爾會有這樣的念頭：單靠姓名就可以把人的一生給推斷出來嗎？越是這樣想，就越想了解它的奧秘所在，與姓名學的緣分也就這樣展開。

　　想當初在以書本為師時，總是喜歡偷偷的躲起來看，深怕被週遭朋友知道筆者對這方面有所涉獵，現在回想起來，應該是那時對姓名學的鑽研尚未有所心得，自己內心對於用理論來分析會有所排斥，畢竟要把所學消化吸收再使用需要時間，不過另一個原因，筆者想應該是怕分析的不夠準確，丟了自己的面子。經過了這些年來的經驗累積與實證，慢慢建立起些許的自信，也開始替親朋好友分析解惑，儘管所學有限，還是足以應付普通常見的情況。而在這一段時間裡，自己本身還是會透過坊間書籍，藉以增加對姓名學方面的知識，然而，左翻右尋，卻總是覺得有些不足，無法滿足內心對姓名學的需求，恰好此時好友兼良師有意願將其多年來在姓名學方面的心得集結成冊，為興趣在此的同好提供更完整的資料，而筆者也稍盡綿薄之力，在書中提供了些許資料，儘管不多，卻也算是替好友盡一份心力，筆者亦期待好友後續更多的心得問世，不僅可以照顧同好，筆者亦可從中吸收更多相關知識，相信大家都有機會成為大師。

人格的數字：你心底最在意的是什麼？

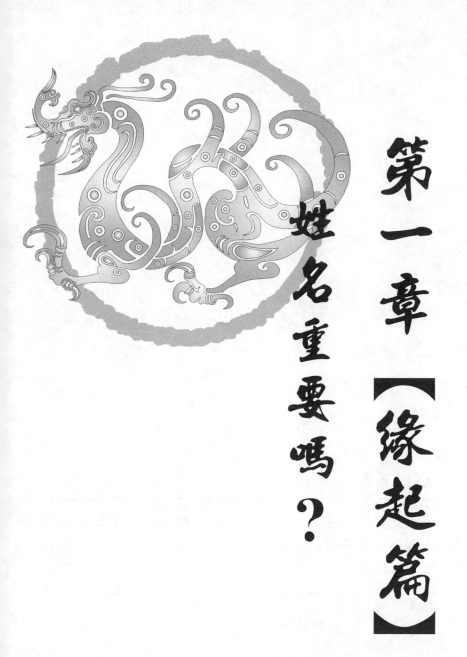

第一章【緣起篇】

姓名重要嗎？

五術小觀念

男人是賺錢的工具，女人是存錢的抽屜，如果各個大
女人們榮登賺錢高手的行列，您家的老公及兒子恐怕
不會有什麼大未來！

第一節 影響人生的因素

古人說「三分天注定，七分靠打拼」，西方人說「性格決定命運！」，然而我們云云大眾莫不胼手胝足，可是成功者卻是寥寥無幾，所以又有人無奈的說「時也！運也！命也！非我之不能也！」，真的嗎？如果命運不是我們能自己掌控的，那吾人又何苦來這一遭呢？到底影響人生的因素是什麼？我想這是幾千年來全世界的人們最深思不已的問題吧！

為了了解這個問題，在中國有八字、紫微斗數、姓名學、陰宅、陽宅風水，鐵板神算…等學術流傳下來，在西方也有占星學、生命密數、塔羅牌…等方式風行著，這幾年更因資訊的流動快速之便，命運之說興起非常迅速，每天打開電視，有多少個節目在談論算命；網路上，關於命理的網站如雨後春筍般的開幕；坊間所謂的大師也是一個個的冒出頭。然而接觸的越多，產生的疑問越多，往往不同的論命方式會互相矛盾，不同的命理大師也有不同的看法，為什麼會是這樣？難道命運真的不是我們能自己掌控的嗎！

不同的學術的確有它的盲點，在筆者學習命理的這十餘年來，筆者發現人生不是一樣東西就能影響的，它是像齒輪一樣，一個一個彼此互相影響、卻完全密不可分的。

而在筆者學習命理乃至爲人服務的這十餘年來，筆者覺得影響人生的因素大致分爲三類，分別爲天、人、地三大類。

一、「天」的影響

在我出生之前，非我能決定者。首先，不知大家是否同意人自出生的那一刻起便有不平等的基礎點，有人生於大富之家，亦有人生於貧困之門；有人奮鬥過程一帆風順，亦有人處處碰壁，而此類天生的不平等，筆者將之歸類於「天」的影響，即是我們平常所謂的「命」，而天給予人的起跑點皆不盡相同，造成了眾人不同的發展，同時也因爲這是上天所安排的，故無法以人力加以改變，此天命所賜與的起點及發展，包含了祖先的陰宅以及吾人出生的生辰八字等。

陰宅：陰宅爲先人的骸骨與地球磁場間的交互作用，再進而對後代子孫產生其起跑點的相異，這樣的影響範圍會遍及整個家族，只要是有血緣關係的後人皆難逃此先天既定的磁場影響，而且只要祖墳風水無變動，此一先天的影響力便會有作用。

八字：八字爲每個人出生之年、月、日、時，對照六十甲子所排出來之命盤，也因爲一個人的出生時辰是固定的，無法說改就改，所以八字對人的影響亦屬先天，與陰

宅一般歸於同類，如同天氣一般為人力所無法變動。

二、「人」的影響

即是個人自己本身的磁場。此方面的關係，由姓名檢視可知其發展。

姓名：大家可將姓名想像成個人的衣服，因為每個人的穿著，都會直接的影響到與週遭環境間磁場的互動；當一個人西裝筆挺，他所予人的印象及觀感勢必有加分的作用，所發揮的影響力也會增加，而若當一個人身著汗衫短褲，姑且不論此人能力如何，在印象分數上已經一敗塗地，更遑論接下來的發展性了。而姓名對於一個人的影響就有如衣服一般，好的姓名會有好的磁場，可以幫助一個人在人生的運勢上加分，能夠更順遂的朝著既定的目標前進；相反的，有缺陷的姓名則會有較差的磁場，不僅無法對人產生助益，更有可能扯後腿，因此姓名對人的影響如斯，不得不慎重。

三、「地」的影響

這裡提到的「地」並非名義上所指的地面，而是泛指我們週遭環境（陽宅）及人（配偶、子女）對我們所產生的影響。

陽宅：目前坊間非常熱門的陽宅即是週遭環境的力量，透過現今媒體的強力放送，相信對於陽宅會對人產生

其影響力應沒有人會存疑，故此方面筆者則不再贅述。

配偶：古人所謂的幫夫運即言明了配偶會對本身的運勢產生一定的影響力，也因為如此，中國人習慣在男女雙方結婚前先論其八字適合與否，以求婚後依然能平安順利，而配偶對本身的靈動會於正式結婚後開始產生，儘管現在社會上自由戀愛已成為常態，在婚前男女雙方可能早就相惜多年，但是只要未經法律承認並辦理登記，其靈動便會乏力。

子女：當夫妻因愛孕育出下一代時，則又多了一個會對家運產生影響的因素，這樣說或許較不容易取信於眾人，但請各位想想週遭的親朋好友，是否有因為小朋友呱呱墜地之後，家運發生了極大的變化，像是事業越做越大，或是金錢如流水一般，守也守不住，很多人會將其歸於個人能力，但小朋友亦為家中的一份子，對家運自然也有其影響力，這是目前許多人忽略掉的一點，而通常這樣的影響，就筆者的觀察，在小朋友六歲之前其效力較為明顯，因小朋友在六歲之前本身尚無自主能力，一切尚須仰賴父母的照顧，與父母間磁場的互動較為密切，六歲之後則因為小朋友自身開始在強烈吸收形成其獨特人格的資源，即開始上學，並與其他同年齡的小朋友產生互動，進而成為一獨立的個體，故其對於父母的影響力會逐漸減弱。

　　而上述所提到的各種影響因素，其相互間的關係又是什麼呢？陰宅及八字此類先天的影響力，自人一出生便無法以人力加以改變，而也因為此先天的磁場作用，在取名及選擇所居住的陽宅、配偶時，都會受到先天磁場的影響，而取到配合本身命盤的姓名、選擇配合本命的陽宅及配偶、生下命中注定的子女，故不論使用何種命理方式所測出來的運勢，其結果皆相去不遠，因為「天」命難違！

　　先天磁場難以更改，但是卻可以透過「人」、「地」等後天的磁場作用幫助個人趨吉避凶，這也造成目前坊間一股算命、改名、救風水的熱潮。前面有提到祖先之陰宅風水會影響到後代子孫的運勢發展，說的明白一點就是陰宅將會決定後代子孫的出生八字，進而決定一個人與他人起跑點的差異，假設一個人因為祖先陰宅風水的影響，產生了其既定的出生八字組合，倘若其先天決定的分數筆者設為60分，儘管在一般人的觀念中，60分雖然不算太高，但是應該也夠安穩度過一生，然而對於想一展長才的人來說，卻會感到捉襟見肘，難以發揮；先天雖然非人力所能改，但是在後天的補強上，以「人」的角度作為考量，若能取一個幫助自己的好名字，將自身的整體分數向上拉抬成為90分，並非難事！

　　但是只要取到一個好名字以後就可以一帆風順了嗎？假如能這樣順利，筆者認為想改名字的人應該會多如牛毛

吧！那此方面的專長學者想必已經炙手可熱，生意定是絡繹不絕。可是有可能嗎？改名是不自然的人為力量，所以會產生能階差，造成不穩定，就會產生一股下拉的力量，然後在先天的磁場牽引下就會吸引你住進適合你八字的陽宅（60分的陽宅），如此一來，好不容易提升的分數便會被往下拉，接下來又因為先天磁場的作用，使你娶到磁場相吸的配偶（60分的配偶）、生下符合你八字的小朋友（60分的小朋友），慢慢的將你的分數往下拉，從90分到80分、75分、70分……，算一算又似乎與未改運之前相差無幾（如圖示），所以以筆者的經驗來說，若想自己本身的整體運勢分數提升又不被外界磁場影響，最好是「人」、「地」這兩個方向同時著手，即除了姓名之外，居家風水、配偶、小孩等的格局皆要考慮進去，雖然這樣的工程似乎頗為繁複，但是為了能拉近自己與先天便得天獨厚之人之間的差距，儘管需要累一點，相信依然可以為人所接受。

　　以上所述雖為筆者這些年的經驗，讀者們細心留意，當覺筆者所言不虛，姓名學雖為年輕的命理學，但卻是吾人能掌控命運的至要關鍵，希望大家能在這個地方多下功夫，每個人都能做自己人生的主人。

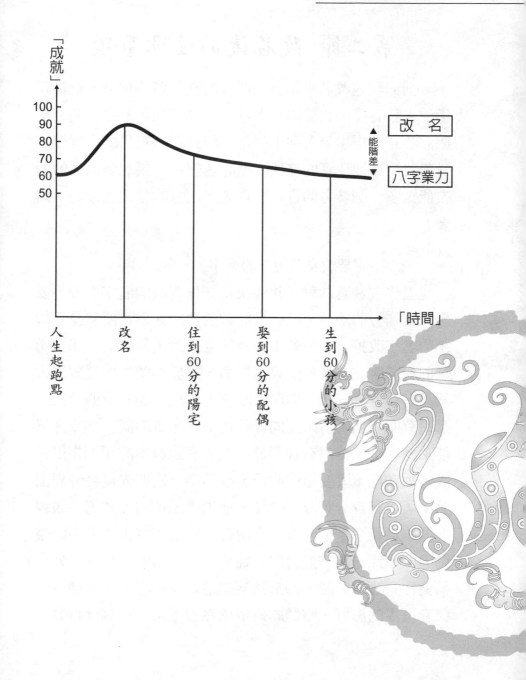

第二節 改名後的注意事項

前面說過改名可以為一個人的整體運勢加分，讓你在與他人競賽時不致於落後太多，儘管如此，對於改名之後應該注意的事項筆者卻未提及，因此在這裡另闢一章節，針對改名後要注意的種種要點詳述一番，讓想要改名的朋友能夠多一個參考的資料。首先要注意的是改名後的「**四要**」：

一、一定要改身分證上的名字：

首先要注意的就是當你決定好你要改的名字之後，要發揮其加分的功效，最好是能夠前往戶政事務所**將身分證上的名字改掉**，因為若不更換掉身分證上的姓名，那你所取的新名字充其量只能算是偏名，對於整體的影響效果大約只有百分之三十，即假設原本可以往上加30分的分數，那只有叫新名字而未連同身分正一同更改的話，那或許只能加到10分，雖然有加到分，但畢竟跟原本的預期相去甚大，故在此筆者要重申的是，改名字一定要先從身分證上著手，並且身分証改了之後，還須讓週遭的人知道，讓親友開始以新名字稱呼你，藉由聲音的磁場帶動新名字的靈動力，如此一來方能發揮此姓名百分之百的效用。另外，假使你只改身分証，卻未強制週遭親友稱呼，這樣便少了聲音磁場的影響，整體的效用依然會下降，約剩餘百分之

七十左右，所以爲了自己的運勢著想，這一點讀者可千萬要銘記在心啊！

二、一定要告知祖先神明：

而當你決定好適合自己的好名字，並且完成身分證的更名動作之後，不要以爲改名的程序已經到此結束，因爲眞正要注意的重點現在才要開始敘述，儘管讀者可能會覺得太過繁複，但是若能詳讀，相信對有意願改名的人有極大的幫助。

除了在身分證上進行更名動作外，倘若家中有供奉祖先牌位，不要忘記跟**祖先**打聲招呼，不外忽是對家中祖先的一種尊重，試想當你名字變更之後，若不公告週知，又豈會有人知悉，對於祖靈亦是如此，一定要誠心焚香向祖先報告，並請祖靈記住你現在的新名字，對此新名字產生感應，以求對你仍能繼續庇祐；另外，家中若有**土地公**坐鎮，同樣的亦須向土地公報備，若家中未供奉，則就近尋訪居家附近的土地公廟，因爲祂的神階雖不高，但卻仍爲掌管一方之神明，在祂管理的轄區內，祂有如管區警察一般，需對人員的流動進行掌握，而警察可以透過戶政機關的資料進行更新，但是土地公方面便得要你自己通知了，如果可以的話，最好是連公司附近的土地公廟都走一趟，對自己來說多一份心安，對祂來說則能更精確掌握人員，應是有益而無害。

而在向土地公報備時，尚需準備一份表文（如附錄），註明一些自己的基本資料，在土地公面前朗誦完一遍之後，將之焚燒，以求土地公將表文內容向上傳達，這樣的行為似乎有點虛無飄渺，不過其背後的意涵卻非言語所能表達。

三、一定要樂捐：

另外，筆者還發現，可能是因為新舊名字的磁場間有磨合期的關係，通常在改名之後的三年內，容易會有破財及生病的情況發生，而且這樣的案例屢見不鮮、比比皆是，就連筆者本身亦感同身受。

因此，想要在改名之後將此磨合期的不良影響降低的話，根據筆者的經驗有一些巧招可以使用，讀者不妨參考，應該會有些助益。在避免破財、生病上，筆者建議可以**透過樂捐的方式來化解**，因為破財在這裡有點花錢消災的意味，生病亦有相似的意思，與其將錢花的莫名奇妙，倒不如把錢以樂捐的方式去幫助有需要的人，一樣是拿不回來的錢，樂捐除了消災、知道錢的用途之外，還可以替自己積些陰德，有一體兩用之效，算是極有效益的消災方式。

四、一定要多用：

而改了名字之後，除了透過週遭親友以聲音的靈動促

使新名發揮功效外，自己本身亦須多使用新名，以增加其與自身磁場的相互影響，當中最省錢也最不費事的方法莫過於**每日拿筆書寫新名一百零八遍，連續寫八十一天**，假使你不嫌麻煩的話，能夠持續一百零八天更好，讀者可能會問，有必要寫這麼多次嗎？換個角度來想，一個人從小到長大成人，這當中的時間裡，自己原本的姓名書寫的次數恐怕多到難以算計，也因為這樣多的數量才使得姓名與自身的磁場靈動根深蒂固，所以一個新名字想要在短時間內發揮更好的影響力，這樣有如急起直追的土法煉鋼方式，是避無可避的，不過為了能更順遂的發揮，相信這樣的小困難是很容易克服的。

同時，印製有新名字的**名片**廣為宣傳也是不錯的方法，一來可以增加自己新名字的知名度，而且正確的字型一筆一劃清清楚楚的顯示在名片上，讓人想混淆的機會都將之減到最低；再來，利用**喜帖**的方式公告週知亦是極有效的一招，因為換新名有如換新屋一般，是喜事，用這樣的方式可以加深親友的印象。

除了前面所提到的要點之外，改名者自己本身的心態調適也相當重要，以下便為讀者剖析，改名後的「三不」：

一、不急

13

第一個便是要不能心急。為何筆者要說心態上要忌「急」呢？讀者們不妨這樣思考，當你經過一番辛苦的工作之後，買到了夢寐以求的名貴跑車，當你將它開上路時，自然可以因為成為目光聚集的焦點而沾沾自喜。然而，一般人在開新車時都有這樣的觀念，了解新車的零件之間需要一段時間的磨合期之後，方能發揮它的最佳性能，並且達到其絕佳狀態，倘若在這段期間裡，不顧零件的磨合，自顧自的隨意狂奔，到頭來只會讓新車的壽命縮短，零件的損壞率提高，可說是百害而無一利。

新名字與自身的磁場影響亦同，兩者間要發揮其相合的磁場，再進而對自身產生好的靈動，當中的磨合時間千萬不可忽略，越心急只會讓自己無法有正確的思考方向，也越容易迷失自己，所以當取好一個適合自己的新名字後，該做的就是好好的關照自己的心，傾聽內心深處的聲音，耐心的等待時來運轉的一刻，相信這樣的步調一定可以替你帶來甜美的果實。

二、不慌

第二個則是要不能心慌。因為在前面筆者有提到，新名字與自身會有磨合期，而且要發揮其最佳效力，通常需要二至三年的時間，在這段時間內，因為兩者間的磁場互動並不算穩定，若因為心慌而等不及轉運，貿然的做出決

14

定，很容易因為不穩定磁場的影響而出錯，試想當果實未成熟前，便因為嘴饞而隨意摘下嚐鮮，豈非自討苦吃？因此，筆者建議改名後的三年之內，要能謹守本分，不要任意作出會影響自身的重大決定，因為當你自身的磁場與新名字間的靈動相互契合時，要走哪條路、要做什麼事，一切都會明朗，千萬不要因為心慌而亂了方寸，得不償失。

三、不貪

第三便是要不能心貪。有些人會有這樣的誤解，認為改了名字之後，好運便自動降臨到自己身上，可以隨心所欲的為所欲為，不用考慮後果，畢竟當初便是為了轉運，才改掉原本的名字，而既然已經轉運，豈不趕緊抓住機會好好的大展拳腳一番。然而，一般人往往會陷入這樣的錯誤觀念中，就像筆者前面有提到的想法，新名字就有如剛購入的新車，不僅是在磨合期時要小心翼翼的駕駛之外，在平常的照料及保養上同樣不能忽視，況且換了新車後便可以保證上路時鐵定不會發生意外嗎？同樣的道理，新名字對自身的影響亦同，不要以為只要有了一個好名字，就可以胡作非為而不會出事，要知道心術不正，還有天理這一道最後的防線可以制裁錯誤的行為，因此不能不慎啊！

同時，筆者也曾經提過，改名字是讓你自身與外界磁場產生良好的靈動力，並不是能夠完全的扭轉乾坤，甚至

將你先天既定的命格顛覆過來，所以，新名字可以幫你吸引好的磁場，對自身產生加分的效果，但是天生的命格既成，就要有見好就收的觀念，過於強求只會加速敗亡，就像這世界上名為王永慶的人何其多，但是真正發達富貴的也僅一人，所以要懂得適可而止，不可太過。

所以，有了一個好名字，並不代表從今以後事事順心，福神臨身，有概念的朋友應該知道，人的運勢通常會有強、弱、好、壞之分，可以流年的分析判斷得知，一個姓名也有這樣的流年運勢，因此若要能確實的掌握攻守進退的時機，最好是能每年向專家老師進行諮詢，了解流年的變化，將更有助於改名後的發展，達到趨吉避凶的目的。

再來對於改名後的「**三大變數**」筆者亦需再此說明，記得筆者之前有提到，家人、配偶及子女都會對自身的磁場產生影響，所以在改名後，不可以將這個變數忽略，反而應該仔細思考，以免因其影響，造成新名字加分不成，卻有反效果，豈非事與願違。

一、家人的變數

家人，如父母兄弟等，在年少求學階段對於自身的影響較大，畢竟當時與家人間的關係互動密切，能夠靠自己

的能力謀生者只是極少數，故若在年少時想要改名，家人間的影響必須考慮進去。但是一般人需要有較好的運勢轉換，通常是在步入社會之後，希望能夠幫助自己更加順遂，這個時期因為個人已經是一個成熟的個體，為個人的前途努力，與家人間的關聯已日漸疏離，因此在改名時較不需考慮家人的因素。然而，若是同住的家人有改名的動作時要小心一些，因為彼此的磁場會互動，也許會造成一些變數，而影響運勢。

二、配偶的變數

古人常說「娶某前」，因為配偶與自身的互動算是在人生中最為密切，除了配偶的名字會對自身產生影響外，自己的名字亦會對配偶產生莫大的影響，這樣的影響是互相的，並不是單方面的，所以在改名後若是有嫁娶之喜時，最好是能將配偶的名字考量一下，事實上筆者這些年實在看太多因為這個緣故而導致命途上丕變的，真的要多注意！

三、子女的變數

最後還有另一個變數，那就是子女對自身的影響。在子女未出生前，一切只是夫妻雙方的磁場互動，當中的磁場良好與否較易加以控制，但是當有子女之後，一股新的磁場便產生，而這個磁場對原本的靈動力是好是壞，亦極

為重要，我們當然希望它是可以產生一加一等於二，甚至是大於二的效果，怕的是它會攪亂一池春水，拖累整個家運。「生子後」實在是一個家庭興衰的重要時刻，真的不可以忽略。

由上可知，改名並不是萬靈丹，不可以保證你飛黃騰達，要有對的心態以及各種不同的變數考慮因素，所以並不是每一個改過好名的人都可以大富大貴，但是只要讀者能如筆者所述，掌握當中應注意的要點，注意「**四要、三不、三變數**」，則筆者雖無法保證足以穿金戴銀，但基本的趨吉避凶相信絕無問題。

第三節 如何排姓名基本盤

　　首先，看到一個名字後，先把它的筆劃找出來，最好用康熙辭典或查書後附錄，然後再根據這些筆劃來推五格，就讓我們一步一步進入這姓名學的神秘領域吧！

一、天格

　　即姓的筆劃之合，複姓者直接把二個字的筆劃相加，如複姓司馬天格即為（5＋10）＝15；單姓則於其上加一再相加，如單姓李天格則為（1＋7）＝8

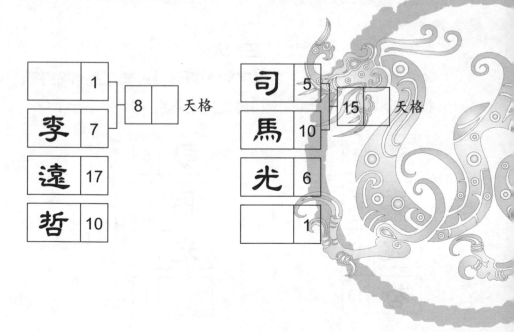

二、地格

即名的筆劃合，如李遠哲先生地格為（17＋10）＝27；若單名則需於其下加一再求筆劃合，如司馬光先生地格為（6＋1）＝7。

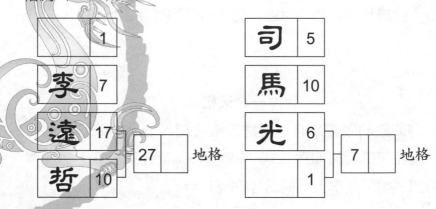

三、人格

即姓的下字加上名上字的筆劃而得，如李遠哲先生人格即為（7＋17）＝24，司馬光先生則為（10＋6）＝16。

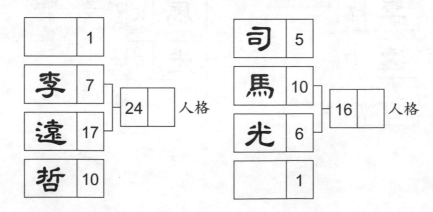

四、外格

複姓雙名者，外格爲姓之上字加上名之下字而成，如洪李秀花外格爲（10＋10）＝20；複姓單名者，外格爲姓之上字加上一而成，如司馬光先生外格爲（5＋1）＝6；單姓名者，外格爲名之下字加上而成如李遠哲先生外格爲（1＋10）＝11；單姓單名者，外格一律爲（1＋1）＝2。

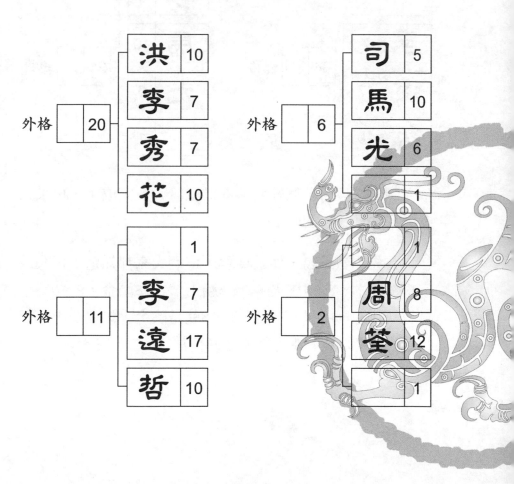

五、總格

即姓的總筆劃加名的總筆劃而成如李遠哲先生總格即為（7＋17＋10）＝34，司馬光先生總格即為（5＋10＋6）＝21，（假一不計算）

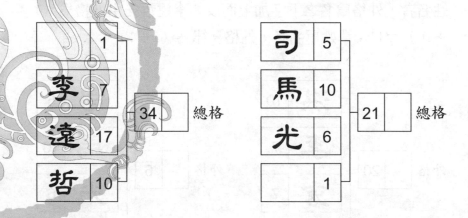

到了這裏，一個姓名基本盤就算大致完成了，再來只要把五格配上五行即可。

首先單數為陽，偶數為陰，這個大家都知道，再來數字1、2屬木，3、4屬火，5、6屬土，7、8屬金，9、0屬水（只看尾數），所以3就是陽火，8就是陰金，以此類推，至此一個完整的基本姓名命盤應如下，方大功告成。

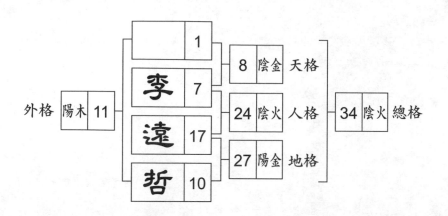

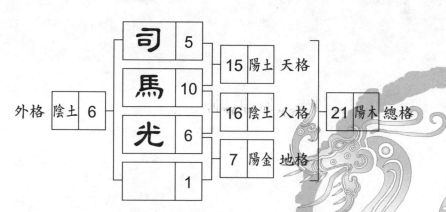

筆畫	1	2	3	4	5	6	7	8	9	0
五行	陽木	陰木	陽火	陰火	陽土	陰土	陽金	陰金	陽水	陰水

第二章【來因篇】

姓名與易經

五術小觀念

孤陰不生，獨陽不長，不結婚的男人不會有大發展，
但選對象要小心，選錯了保證慘慘慘！

　　相信很多人看了這一章的名稱一定很納悶，「怎麼姓名學和易經有什麼關係嗎？」又或者「聽說易經很難，那姓名學是不是很難學呢？」，諸如此類的反應筆者自是聽多了，在這提出來也算是為大家作解答，當然，也是有點希望大家不要一直問這些問題的私心作遂，希望讀者們能見諒。因為筆者是非常懶的人，最怕麻煩了，最好大家都會姓名學，就都不用來找筆者，這樣一來筆者就真的輕鬆多了。希望大家多幫忙，會的教不會的，如果筆者的私心能如願，都是大家的功勞、大家的幫忙，在此，筆者先行謝過。

　　關於第一個問題，答案當然是「有關係！」。其實不要說是姓名學，中國五術每一種都可說是由易經推衍而來，姓名學自然也不例外，只是推衍後和本體（易經）在外貌上可能有些不同而已。就如地形和地圖之間的關係，任何一種地圖，諸如全國地圖、全市地圖，又或者等高線圖等等，彼此外貌雖然天差地別，但卻都由同一個本體（真實地型）而來。至於過程是如何推衍則是本章的主題，當讀者耐心地看完本章自能了解。

　　不過關於第二個問題筆者要先說明一件事，算給大家先來個心理建設，就是「易經」之所以叫「易」經，就是因為它很簡單，大家會覺得難是因為大家想得太複雜、想的太難，太鑽牛角尖罷了！其實易者易也，經者徑也，

　　「易經」不過就是最簡單、最基本的路徑，或說方法而已，相信讀完本章，讀者們都能了解才是，那姓名學簡不簡單呢？請讀者們看下去就知道了。

第一節 太極（加一的原理）

略懂「易經」的人都聽過一句話「無極而太極，太極生兩儀，兩儀生四象，四象生八卦，八卦定吉凶」，可惜不懂這句話的人佔大多數，不過不要緊，本章就是要解釋這句話，雖然這是句很簡單的話，卻是「易經」的基石，就像加減與數學的關係，不懂這話是沒辦法懂「易經」的，就讓我們開始吧！

首先說明第一句話「無極而太極」，也就是學姓名學的人的第一個問題，「為什麼單姓上要加一個假一呢？」的答案，相信大家都很有興趣想了解，到底為什麼不要加2加3呢？別急，首先我們來想一個問題，大家都知道的，下一句「太極生兩儀」中的兩儀就是「陰陽」，就是一種相對論，有陰就有陽，有陽就有陰，「孤陰不長，獨陽不生」更是至理名言。

自然界上有光線（陽），就會陰影（陰），生物界上有雄性（陽），就會有雌性（陰），思想上有積極（陽），就會有消極（陰），一切的一切都是對立存在的，缺一不可。

而我們也都知道，「無極」是指空無一物什麼都沒有，但卻又是萬物的所有根源，是一切的源頭，陰陽八卦也是「無極」的產物。一般的人都認為「陰陽」是一起出

現的，沒有時間差，可用下圖表示之，那麼空無一物是「無極」，陽陰是「兩儀」，那問題來了「太極」是什麼呢？

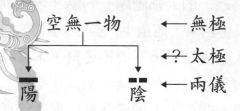

　　這個問題，我們得從古代風水大家蔣大鴻的思想上找解答，他認為「兩儀」並不是直接由「無極」而來的，而是透過一個「一元之氣」而形成的，而這一個「一元之氣」就是「陽氣」，而且是最小單位的「陽氣」，如下圖：

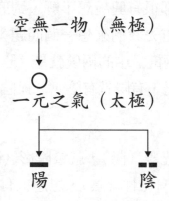

是先由「一元之氣」再衍生成「陰陽」二氣，也就是「陽」先產生才產生「陰」，而有謂「兩儀」的對立關係。蔣大鴻是中國風水史上的一個重要人物，其說法應有一定之可信度，也許大家可能認為這只是筆者的一面之詞罷了，可是大家可以思考一下，為什麼古人要在「無極」和「兩儀」

中加一個「太極」呢？所謂善（陽）與惡（陰），美（陽）與醜（陰）是相對立的，可是如果沒先有善的想法，美的觀念，怎麼會有善惡，美醜的對立分別呢？「食色性也！」，「人性本善」不就說明了這「一元之氣」的存在嘛！

還不相信的人，請翻一下「聖經」，是先有男人還是先有女人呢？是男人「亞當」吧！而且還是照著上帝的形體做的，而女人「夏娃」可不是上帝的產品，而是亞當的結晶，這不就說明了，陽在陰之前就存在了嗎？

也許你會認為這只是一個傳說，可是大家要知道傳說多來自「集體潛意識」的形象化。縱觀各民族之造人說皆是男丁先出生，這種巧合可是不容易的哦！

就連數學上也是先有1才有2的，也就是先有單數（陽）才有雙數（陰）。

說到這就到了本節的重點了，為什麼是加1，而不是加2加3，我們都知道在數學上0是空無一物，可是卻也是座標與數字的原點，一旦沒有了0不也就沒有了座標系，沒了數字。或許我們也可以這麼說，0生育了整個座標系，之後我們要表現其中的關係，就一定要有個標準，這就是1。有了1我們才知什麼是2、是3，整個座標系，整個數字才有意

義、才會出現。

　　從中我們可以發現，0就是和「無極」同等意義，1就是和「太極」同等意義，而後才會有2、3、4…，這就是為什麼要加一的原因，因為它是個標準值，也就是最小單位（一元之氣），所以我們加一是因為它不會使姓名因少了一個字而有偏差，又因為任何東西要計算，一定要是同單位的東西才行，一公斤加一公尺是多少呢？相信沒人會吧！如果缺的那字，我們不用1，而用2或3則大家的單位就不同了。

　　那為什麼不用0呢？那是因為0根本就沒東西，也沒單位了，在數字學上0公斤和0公尺是一樣的意思，所以我們只能加1，這就是「無極而太極」在姓名學上的應用。

第二節　兩儀

　　讀者一定也想問單姓的上頭加1能懂但是爲什麼非要加上數字不可呢？爲什麼單姓不直接以姓爲天格就好了呢？這答案，關係到「兩儀」的思想，兩儀就是陰陽，就是相對律。所以我們除了「姓」（陰）還要「名」（陽），而「姓」和「名」，也能再分兩儀，所以一個姓名的基本組成一定是四個字，二個字是姓，二個字是名，至於名是三個字的也當二個字看，所以單姓或單名一定要在空缺處加上1，使其兩儀俱全如此結構才會健全。

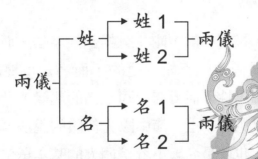

　　也許讀者又會問爲什麼不分成八個字呢？當然是可以的（理論上），但因爲沒有人的姓是四個字所以用不到，簡單夠用就好了，這也是易經的觀念，很多人會問爲什麼八卦一定是八個？爲什麼不用四象去計算？答案其實就只是夠用，好用罷了。你要用四象，也就是所謂太陽、太陰、少陽、少陰（後述）當然也可以，端看適不適合，不也有

人不用八卦卜卦（梅花心易），而用六十四卦卜卦（文王卦）嗎？

　　而在姓名學上，四個字是最合宜的，所以單姓並不是真的只有一字，其上頭，還有看不見的一元之氣（基本單位），也就是1的存在，同理在單名的下頭也有1的存在。

　　如此結構才會健全，當然，此種四字的結構，也可說是四象的思想也無不可，　只是從兩儀的角度就很明白了，這不就也是夠用就好！這就是「太極生兩儀」在姓名學上的應用。

　　此外，補充一點，剛才有提到姓屬陰，而名屬陽，這是因為姓是固定的不能改變的，而名是可變的、不固定的，所以屬陽性。而考究中國姓名的起緣，乃先有名再有姓，不就又應證了上一節中陽先於陰的說法，而且這個一元之陽氣，也就是名，不就是個人的基本單位嗎？由此可知，姓名學的結構是由易經推衍而來的，不是不切實際的說法。

第三節 四象

四象是什麼呢？其實只是兩儀中再分兩儀而已也就是由陰陽再分一次陰陽罷了。於是我們得到了四種新組合，陽中之陽的那一個，我們叫它「老陽」，陰中之陰的即它「老陰」，陽中之陰的是為「少陰」，陰中之陽的就 是「少陽」了，這「老」和「少」是指程度而言，所謂老陽就是表示到極點的陽氣，可說是全陽氣，而少陽則帶少量的陽氣，其實主體偏陰較多，可以下圖表之。

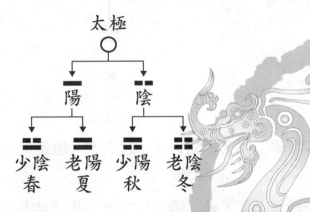

由圖可知，四象比陰陽更多了程度上的問題，那為什麼要用四象呢？也一樣是夠用，好用原因而已。有什麼東西用兩儀解釋不足，而需用四象作解較合宜的呢？最常用到的是季節，也就是春、夏、秋、冬四個季節而言。請讀者切莫再反問「為什麼一定要分四季呢？」「只用夏、冬二

季不可以嗎？」等問題，或許大家可以去問問農民，應該有很好的解答。

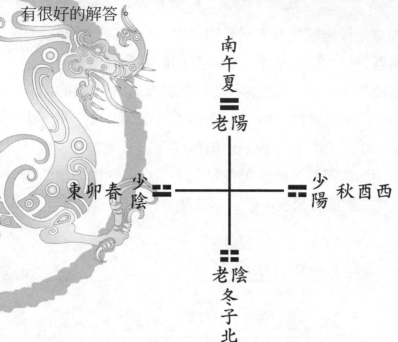

☳〔春〕：天氣開始暖了起來，大地還帶少許寒意，這正是「少陰」之象。

☰〔夏〕：天地正值一片炎熱，乃一年中最熱的時期，而這正是「老陽」之象。

☶〔秋〕：天氣開始轉涼，大地尚存些許暖意，這正是「少陽」之象。

☷〔冬〕：天地一片寒寂，萬物入冬皆休眠少動，這不就是「老陰」之象。

36

由上圖可更明白四季和四象的關係。

此外四象也可 用在方位上、時間上。「卯」時太陽在「東」方，日出東方氣溫為「暖」乃「少陰」之象；「午」時太陽在「南」方，日曬正中氣溫為「熱」乃「老陽」之象；「酉」時太陽在「西」方，日暮低垂氣溫為「涼」乃「少陽」之象；「子」時太陽在地球背面為「北」方，此乃所謂「天南地北」也，氣溫寒「冷」為「老陰」之象。

更有甚者，一篇文章的「起」、「承」、「轉」、「合」，也能以四象分析之。聰明的讀者自當舉一而反三，多多體會中國易經思想的奧妙，本書礙於篇幅只能略過，有興趣的讀者可自行閱覽書籍，在本節的重點是四象於諸子思想上，創造了更有彈性的空間，也就是除了大善大惡至美至醜之外，其實還存有其它的過渡狀態，這對人類的思考無疑是更進一步的提昇。所以人們不會只是去判斷別人是否有犯錯，更進一步地人們會去了解為什麼他會去犯錯，這不只是寬容的體現，更代表著當時人類興起的一種自覺，了解萬物不能只用二分法分析，進而使得眼光更加昇升，文明也日趨進步。

而四象在姓名學上的應用到底是什麼呢？其實答案就眾所皆知的「五行」，讀到這，筆者可以想像大家的表情是

多麼錯愕，當初筆者靈機一動時自己也不禁愕然。不過後來想想，這的確是事實，我們可以從幾個方面來談談。大家知道彩虹是從白色光分離出來的嗎？這白光是一母體，而七色光是子體，可是我們要欣賞顏色時，一定是白光和七色光一起欣賞對吧！數字皆是由1產生的可是計算時我們也會用1吧！父母生了子女後，不也一起存活在世上，如果以圖示之，我們可以更清楚發現一些事實。

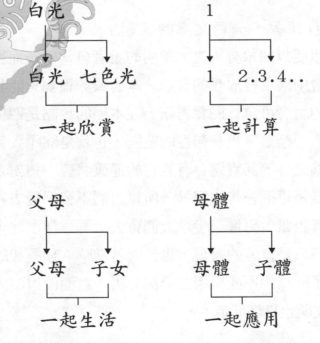

這就是一直以來令人摸不著頭緒的易經「體」「用」關係，「體」是指本體或結構而言，是組織論，而「用」是

指使用，應用而言，是方法論。當我們面對主體的問題時我們用「體」來思考，當觸及變化活動之時我們要用「用」來解決。

　　所以我們說兩儀，說世界之二元性，但在中國五術沒有只求陰陽並重的，求的一定是「三才」結構的天（陽）、地（陰）、人（太極）平衡健全，佛家說四大皆空，西方說四元素，只有中國講「五行」，為什麼？其實中國也有「四象」，只是應用上，我們著重於「五行」，更有甚者，中國人都識「八卦」，可是計算上（如風水，三式等）都用「九宮」（後述），這都是一樣的道理，由下圖可更明瞭其關係。

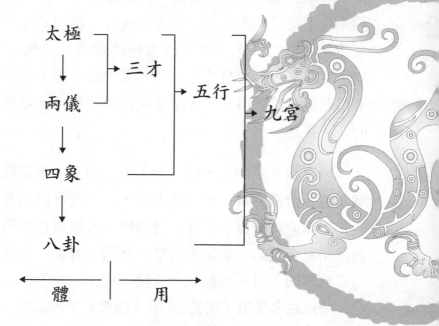

　　讀者們，明白了這「體」「用」的差別了嗎？在之中又印證了這「用」皆「單數」為陽可活動，故為方法論，而「體」皆「偶數」為陰不可動，故為組織論的道理，所以我們在四季與四象的關係圖上，加上了中心點「太極」，而形成了「五行」的基本結構，其實「五行」只是換個名稱，方便太極結合四象之應用而已，就如兩儀加上太極後，我們就以「三才」取代，只是求一個方便罷了。不然，光是太極就會重複出現好幾次，豈不更混亂！

　　接下來我們來看看「五行」的由來，老陽主夏天，陽氣正盛屬燥熱的「火」性；老陰主冬天，地凍天寒，屬冰冷的「水」性；少陰主春天，陽勝於陰，萬物欣欣向榮是為生生不息之「木」性；少陽主秋天，萬物蕭條，陰盛陽衰正是收斂之「金」性；而太極即為萬物之母，包容萬物，生成萬物，自是「土」性，萬物皆不由土而生，而這個道理前賢早就用了一張圖來使我們了解，這就是傳說中的「河圖」。

　　所以算八字的人，用十天干十二地支，皆偶數，來排基本盤，但推算時一定也是用印、比、洩、財、官之五行制化；算紫微的推十二宮，乃偶數，推算時也只用三合宮而已；算奇門的，更是用九星，九門，九宮，來求基本盤的八方吉凶，這一切都只是「體」與「用」的交互運用而已，所以姓名學用「兩儀」、用「四象」來推結構，計算時

必重「三才」、重「五行」，如此吉凶才能生焉，易經不是說「吉凶悔吝在於動（陽）」嗎？這句話請讀者一定要背起來，很重要！

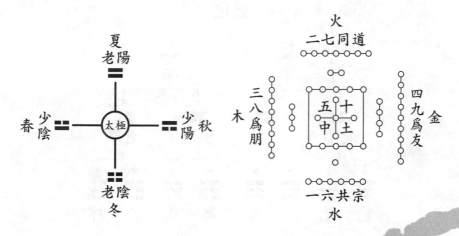

「河圖」

所以姓名學在推算時，重點在「三才」格局及數理「五行」制化上，而這就是「兩儀生四象」在姓名學上的應用！

第四節 八卦

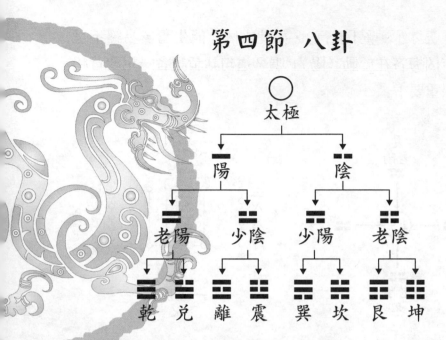

這節其實剛才就提到了點，我想中國人大都聽過八卦（雖然不一定知道是那八個），在這我們就簡述一下，其實八卦就是四象再分一次陰陽而已，4×2＝8所以八卦一定是八個，不會是七個九個，如圖表之。

首先說明一下「八卦」為何物，所謂「乾」、「兌」……為卦名，而字上頭的符號我們就叫「卦」，也就是說這八個符號才是「八卦」，「乾」、「兌」……只是名稱而已，其中「▬」為陽的符號我們叫「陽爻」，代表著可動的、積極的、無形的、男性的……等等，「▬▬」為陰的符號我們叫「陰爻」，代表著靜止的、消極的、有形的、女性的……

等等。所以八卦是由三層陰陽所組成的，其中最上面的一層叫「三爻」代表上方、外面、終點，中間的叫「二爻」代表中間、內在、過程，下面那層叫「初爻」代表下方、外面、開始。

☰〔乾〕皆陽，無遠弗界，無形無象無邊無界，是以「天」為之象徵。

☱〔兌〕上陰下皆陽，深不見底，是以「澤」為之象徵。

☲〔離〕外陽內陰，犧牲自己照亮別人，是以「火」為之象徵，且「火」為外不著物，但內不藉物質，絕難生存，亦和外陽中陰之象。

☳〔震〕下陽上皆陰，地牛翻身，萬象將新，陽者不安於地，乃天崩地裂，能量將出之象，是以「雷」為之象徵（非指電，請注意！）。

☴〔巽〕下陰上皆陽，陽陰交摩，固體上之流體生焉，是以「風」為之象徵。

☵〔坎〕外陰內陽，其外可觸，卻又捉摸不定，是為「水」象。

☶〔艮〕上陽下皆陰，巨物擎天，陽氣將盡，是為「山」之象徵。

〔坤〕者全陰，乃靜之極者，放眼天下一片寂靜，故爲「地」之象徵。

此八卦，或說八種性質，皆以自然界之現象表之，但需注意的是「八卦」也和「四象」一樣，可代表多種符號，此處之天、地、水、火⋯⋯只是取一個代表而已，令人「掛」出其象能明其意，故爲之「八卦」。

「八卦」在五術中廣泛應 用來推基本盤，而論其計算吉凶方法，當然就是用「九宮」也就是「洛書」來計算，如圖。

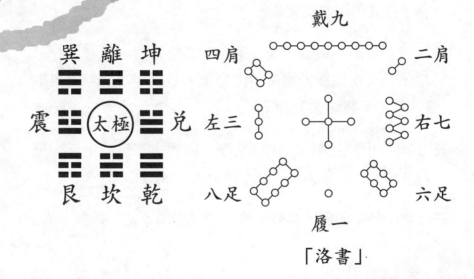

「洛書」

至於八卦爲何是如此排，和洛書之數字又是何關係此

就不多述了，有興趣者請參閱「河洛精蘊」，在此大家只要知道洛書就是八卦加上太極後以數字代替而已，其實1就是坎卦，2就是坤卦…以此類推。

不過，在姓名學上本書只用至四象，「八卦」為較深入的看法，留待下一本書筆者再來與大家討論吧！目前尚有一派專求易卦的姓名學，讀者不妨參考，只是筆者不常用而已。

「八卦」為「體」，而「九宮」為「用」，在深入計算時常需用到，尤其是求流年大運的吉凶，這就是「四象生八卦」在姓名學上的應用。至於「八卦定吉凶」此乃因整部易經皆是用「八卦」重疊推排出來做為推算的依據，所以決定了「吉」或「凶」，讀者知之即可。

簡單的說，姓名學使用了易經的理論，用「兩儀」「四象」去推排其結構， 用「三才」「五行」「九宮」去計算此結構的吉凶，了解其原理，學習才不會知其然不知其所以然，反而愈學愈 迷糊，如此才容易進步，相信至此，大家都能了解才是。

最後來作一下總結，「無極而太極，太極生兩儀，兩儀生四象，四象生八卦，八卦定吉凶」和姓名的關係已如上述，但「這句話和易經又有何干呢？」，其實這句話就是「易經」中心思想，或者說它就是「易經」也未嘗不可，怎

麼說呢？讓我們再複習一下「易者易也，經者徑也」，「易經」就是簡單的路徑或說法門，也就是說「易經」是一種工具，一套方法，可以很簡單的研究一切的事物，而這套方法就是生生不息的二元論，也就是兩儀、四象、八卦、乃至六十四卦的思想，一切的一切只是要把複雜的事物簡化而方便研究罷了，其中取捨的依據，也只是簡單夠用而已。

在這個角度上，「易經」不失為一種「歸納法」，但特殊的是一旦事物分門歸納後，它還可以使用「演譯法」去類推平常看似沒有關係的二件事其間所隱藏的關係，例如五行中木生火，而在歸納中人體肝臟屬木，而心臟屬火，所以一旦肝不好，我們就可以推論心臟也會出毛病，這就是中醫醫病的理論，懂了嗎？其實五術都是這樣發展而來的，要不然光一個八字怎麼推論一個人的富貴窮通呢？希望筆者這樣說，讀者多多少少能了解易經的奧秘，至於它其它的部分，只是說明「歸納的結果」，及可演釋的方向而已，相信此後讀者應能自己貫通才是。

第三章 【築基篇】

姓名與五格

五術小觀念

八字不能改，陽宅不易搬，陰宅遷移難，老婆不能換，唯有姓名最方便，趨吉避凶好運來！

　　所謂五格，就是天、地、人、外、總五格，這是姓名學理論中的靈魂、重點中的重點，所有姓名推命所依據的即為此五格，希望讀者能花點時間把它弄熟。

第一節　五格涵意

　　經過之前的講解，相信大家已可排出自己的姓名盤了吧！如果還不能的話請多看圖例相信就能很快了解，而排出來的人可不要大意，請再檢查一遍，要知道姓名學準不準確靠著的就是筆劃的正確與否，所以在繼續下面的內容之前講再檢查一遍，如果已經確定沒問題的話，我們就往下繼續研究這五格的涵意吧！

一、天格

　　由於此格是姓的筆劃合，而姓是由父母祖上那所承繼而來，所以天格可以看出和父母（尤其是父親）、祖上（同姓長輩）的互動關係，此外，姓也是我們面對外在世界的第一步，也就是當別人一喊「某某先生」時，我們的外在形象就由此格曝光，而且「相由心生」，逆推所以此格也能看出我們思想、意識和理性，而這些多半與頭腦有關，所以也代表著身體中頭的部位，又當我們有了工作之後，稱謂可能改成「某某經理」「某某老板」，所以這又代表我們的事業好壞，而事業的好壞又與老板，上司有關，所以此格也能看出事業運，及上司、老板的互動，又因女子以家

庭為事業，故對女子而言，也代表著丈夫。

二、地格

此格是名的筆劃合，大家可以猜猜誰會叫你的名呢？答案就是家裡的人，尤其是母親（有些人可能還會說朋友也是，不過朋友並不在此格討論，原因容後述），所以此格可看和家人、母親的互動，當然也包括另一半，所以又可看出我們的感情感性之處，常言道「人是感情的動物」，又說「理性不敵感性」，所以此格往往表現出一個人的行為作風和處事態度是「腳踏實地」或「三步並二步」，而此一來影響最大的莫過於部屬手下了，因為他們是跟你「辦事」的，不是嗎？所以此格也可看出和部下的互動，此外人的行動力跟腳最有關，故又代表著身體中的下肢，也就是肚臍以下的部位。

三、人格

由姓名分陰陽後，也就是分了天地格後，為了要應用我們取了天地交會處，就是人出生的地方當作人格「太極」，也就是代表我們自己的地方，又從剛剛可知天格可代表父親，地格可代表母親，而我們不就正好誕生在父母交合之處嗎？所以，此格堪稱為我們的靈魂所在，經由它和外在的人事物接觸才有了所謂的「我」不是嗎？所以人格代表著自己的靈魂和與生俱來的本質，又因其在天格地格之間，所以又代表著喉嚨以下到肚臍的部分。

四、外格

此格是分別取姓與名的一部分所合成的，也就是介於陌生人（第一印象）與家人（感情）之間過渡帶，這當然就是指朋友囉！朋友，說親親不過家人，說疏疏不過外人，此外格代表朋友眞是再適合不過了，此外「在家靠父母，出外靠朋友」，所以外格又代表著外出運的好壞、環境的好壞，人們外出莫過於名聲榮譽的追求，而這些和人際關係又何其密切，故此格也能看出其人之名聲榮譽好壞，在身體部分與外在接觸最多的不外是皮肉、手臂等，而有別於人格所代表的內在臟腑，外格又象徵著背脊部分。

五、總格

此格是姓名的總劃數，所以代表著我們自己，只是乃別人眼中的整個自己，所以它偏重於我們的成就表現，而判斷這些好壞的標準是金錢和福氣，所以它也代表著我們的財運及福德好壞，也就是說在此物質世界中看得見的一切到底是如何，重點就在總格，所以總格一定不能破，否則難免會有缺憾，讀者宜特別小心。

以下就此節內容做個簡表，以供查詢

五格	涵意
天格	上司、長輩、父（母）、丈夫、形象、事業、理性、頭
地格	下屬、晚輩、母、妻、子女、行為、感情、感性、腹
人格	我、靈魂、身體
外格	客戶、平輩、朋友、榮譽、名聲、環境、背、皮
總格	別人眼中的我、財運、福德、成就

第二節 五格靈動

　　講解完五格單格的涵意後，接下來，我們要來研究，五格間的相互關係，也就是所謂的五格靈動。不過在此之前，我們要先作一件事，就是要先把五格配上五行，也就是配上「河圖」，這是爲了計算及應用上的安排，可以使吉凶更一目了然，至於爲何要用五行（河圖）呢？其一乃「吉凶悔吝在乎動」的應用原理，其二是五格數爲五，夠用就好了嘛！

　　OK，那要怎麼配呢？讓我們一格一格來吧！首先，人格代表我們的靈魂，本質，此是與外界接觸的中心點，沒有它，其它四格沒有作用，所以配太極，也就是中央「土」，象徵其包容、生成一切。天格代表著我們的外在形象、我們的理性思極，代表著事業、父母，人生在世不莫冀能光宗耀祖事業有成，所以配上南方的「火」象徵其光明亮麗普照四方，燃燒自己而照亮他人，這正是形象、事業之象。地格代表著我們的感性、情欲、行事作風及家庭，正所謂柔情似水，配上北方「水」是適合不過了，取其時而骸浪驚濤，時而平如明鏡，時而賓主相依，又時而反面無情，來表徵著人間剪不斷理還亂的情愛世界，反應出因其愛恨情仇所造成的種種行爲態度。外格代表著我們的外緣、人際、名聲、榮譽（做人方面），有道是春雷一

鳴，大地驚蟄，繁花爭妍，萬物交泰，這朝氣澎渤氣象萬千的景象，不正是象徵著我們關係活絡，人脈四通八達，名聲遠傳千里，榮譽常在耳際的外緣之象嗎？所以配上東方「木」，取其生生不息，盤根錯結之性。最後是總格，當然是配剩下來的西方「金」了，我們來看一看是否合理，總格代表的是我們的福氣、財運、整體給人的表現，是人生物質面的總結，常言道「春耕、夏耘、秋收、冬藏」不就說明了，總格當屬金性（收獲）。

舉凡一事之成功，必起於人力人脈、客戶（外格、春）經由事業的努力，長上的提拔，有時也許是靠自己清楚的分析決擇（天格、夏），最後才能有所收獲、成就（總格、秋），而得到後呢？當然是和家人、部屬分享（地格、冬），然後再作新的調配，向下一個挑戰再度出發爭戰群雄（外格、春），人生的一切一切就是如此循環不己，春去秋來，「生生之謂易」前賢早已說明提醒了一切，是以才形成了人生這麼多的緣起緣滅、收獲失去，可憐的是我們這些凡人始終認不清楚，還冀能「勝天」奪命，無異再墜輪迴任他紅塵翻絞力竭而亡，孔子五十知天命而後能從心所欲不踰矩，為什麼呢？知道了該來的東西後，您還會怕嗎？倒不如扮演好自己的角色，在這狹小的舞台、短暫的戲碼中，盡情發揮贏得眾人的喝采，讓生命不留白，願大伙共勉之。經由上列方式，於是可得五格配河圖五行如右

圖：

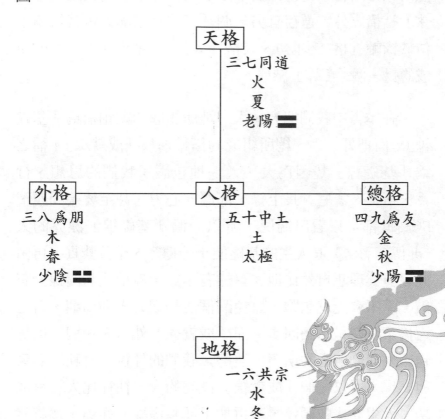

　　接下來由這張圖，我們就可以開始研究五格的相互作用，首先我們注意到的是在縱軸由天格（老陽）、人格（太極）、地格（老陰）所組成的「三才」結構，在傳統姓名學中此三格的搭配幾乎決定了命造本人一生的吉凶成敗，而這也就是為什麼傳統姓名學「三才」格局漂亮，事實卻不

然的原因所在。因為姓名學除了天、人、地所組成的「三才」結構之外，還存有另一個「三才」結構，也就是圖中位於橫軸外格（少陰）、人格（太極）、總格（少陽）所組成的另一個「三才」結構。

在本書中我們把天、人、地所組成的縱軸稱為「基礎線」，而把外、人、總所組成的橫軸稱為「成就線」。稱之為「基礎線」是因為天、人、地包涵了我們的思想、行為、事業、家庭、長上緣、部屬向心力、甚至婆媳問題、EQ高低都可以看出端倪，所以一個「基礎線」漂亮的人（非傳統看法）其人生的基礎便十分穩定、十分紮實，再由此發展其理想自然比他人更加有本錢，最怕「基礎線」有破，還不會走就想跑，難免跌個四腳朝天人仰馬翻，自己還搞不清楚是怎麼回事。而「成就線」外、人、總，則是包涵了我們所處的環境、運勢、我們的外緣、財利、名氣與表現，所以一個「成就線」漂亮的人，往往比人容易成功，人生亦比較順遂，若再加上「基礎線」亦美，那就真是十足的成功的人士，英雄逢時勢，想不成功都不容易，否則易有外強中乾的現象，可謂「金玉其外，敗絮其中」的最佳典型，反之，「基礎線」美而「成就線」有破之人難免有懷才不遇，壯志難酬之嘆，但最慘的還是雙線皆破的人，其人生之凶逆自然不言而喻，命運之多舛幾乎指日可待。不過這是世俗上的觀點，事實上這種人多是修行證

道的絕佳人才，其靈感感應比一般人強上數倍，走這種路線自是容易成功，正所謂「吉無全吉，凶無全凶」就是這個道理。

　　所以論姓名決不能只偏頗其一，否則結果自然大異其趣，今日讀者有幸知之，應當多所珍惜。其實此點有些學者已發現其特殊之處但又說不出所以然來，這全是因為基礎的「易經」沒有學好之故，希望筆者在此拋磚引玉，此後人人能多讀「易經」，也算是為自己祖先爭光為中國人爭一口氣吧！接下來就讓我們好好來研究研究這兩條線吧！

一、基礎線

　　由天格（老陽）、人格（太極）及地格（老陰）所組成，一般意義上其所代表的人生較偏內的一面，諸如家庭、理性感性等等，而由此三格的相互作用，我們可以來探討三種雙格靈動，也就是天格對人格、地格對人格、天格對地格三種靈動。

　　（1）天格對人格：所謂人格就是「我」，就是姓名中我們自己所座落的地點，是用來判斷姓名的基準點，配上代表外在形象、思想、理性、事業、上司、長輩、父母（父

為主）、女性的丈夫及身體上頭部的天格後，就可以看出我們在外給人的形象（第一印象）是冷是熱，我們思想的傾向會不會過於鑽牛角尖，對事業的態度是用心還是混，和上司、長輩、父母及丈夫的互動關係有無代溝等等。

（2）地格對人格：同理人格配上地格後可以看出我們行事的作風是強悍還是被動，我們的反應會不會太「恐龍」，四肢是不是發達，家庭和不和諧，和妻子、下屬的互動有無阻礙等等。

（3）天格對地格：這裏的關係比較特別，由於沒有人格參與故一般都不是我們能控制的部分，如男性的婆（天）媳（地）問題良否，女性丈夫（天）與子女（地）互動關係好壞，以及理性

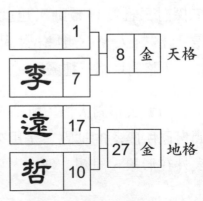

（天）與感性（地）熟強熟弱的傾向，也就是前陣子流行的
EQ高低等等，都可以由此二格的關係中得知一二。

二、成就線

乃由外格（少陰）、人格（太極）及總格（少陽）所組
成的，其義意上多為人生較偏外的一面，諸如朋友、環
境、成就等等，和「基礎線」不同的地方就如其名稱上的
差異，後者乃基礎面屬實力好壞的部分，一般而言主導著
30歲以前的運勢，而前者乃成就面屬目標野心、機運的掌
握得當與否，一般而言主導著30歲以後的運勢，二者實則
缺一不可，相同的此線也可以探討三種雙格靈動亦即外格
對人格、總格對人格、外格對總格三種靈動。

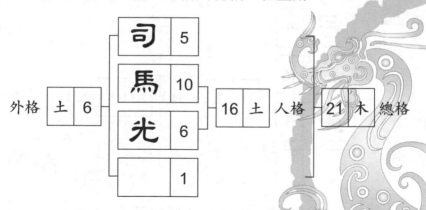

（1）外格對人格：以人格為中心點配上外格後可以看
出什麼呢？和朋友、客戶的互動是好是壞，是人緣佳或是
「顧人怨」，名聲的好壞（指作人方面不同於天格給人的形
象好壞），追求榮譽的野心，對環境的企圖等等。

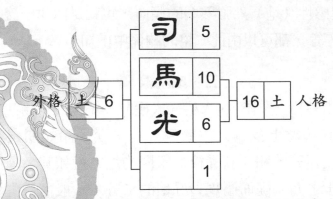

（2）總格對人格：而以人格配總格可以看出人理財的方式是投機還是穩健成長，金錢觀是揮霍或是保守，人生觀是悲觀還是積極，及心靈上是平靜或悲苦（與福德有關）等。

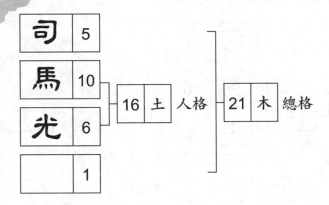

（3）外格對總格：同樣是我們自己難以掌握的部分，諸如投資朋友能不能得利，外在環境是否有助財運，會不會被朋友連累等等，這些在目前的社會中尤其需要注意。

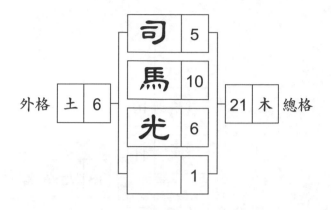

三、雙線互涉

也就是「基礎線」和「事業線」的相互關係共計有天格對地格、天格對總格、地格對外格、地格對總格四項，其中又以和地格也就是容易感情用事的地格對外格、地格對總格為主，而和天格有關的二項多為思想和形象上的問題，一般人想歸想沒能多大影響，至於形象好壞除非您常拋頭露臉否則影響並不大，此外值得一提的是此四項互動皆和人格無關，故也常是吾人不能掌握之處，切不能掉以輕心。

（1）地格對外格：地格代表著我們的感情、家人、行為、身體，外格代表著我們的朋友、人際、名譽，所以此處可看出我們對朋友真不真心，人際名譽對我們的情緒起伏影響大不大，會不會做人等，許多人此處不佳便會衝動誤事，平白損失了人脈、客戶，如果是服務業界的朋友們

更應該小心。

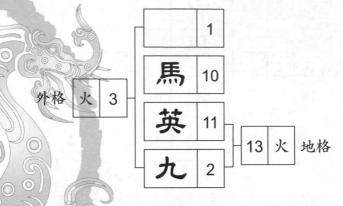

（2）天格對外格：其顯示著長輩上司對我們的人脈客
戶的影響，對我們的名聲、名譽的影響，以及環境、朋友
會不會幫我創造形象，最後可看出我們就名聲榮譽的看
法，也就是虛榮心重不重…等皆在顯現。

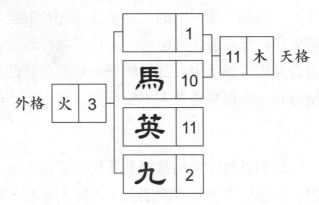

（3）地格對總格：代表金錢、運勢、表現的總格，配
上代表感情、家人、部屬的地格會有什麼現象呢？首先看
吾人會不會為興趣而花錢（衝動花錢，其數較大），還是天

生龜毛一族呢？也可看出對家人部屬肯不肯花錢、慰勞又或家人、部屬是來敗財或是帶財來等等。

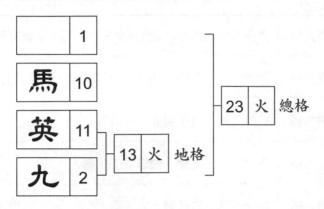

（4）天格對總格：天格來配總格，當然就是事業、長輩會不會來助財、助運，能不能靠臉（形象）吃飯，及意志堅不堅定等等。

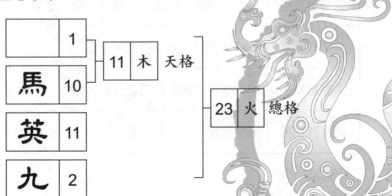

好！至此姓名五格的十項互動皆已論述完畢，我們將其整理在後，讓一些較懶或是較忙的讀者可以掃接查尋，只是有一點大家要注意，十項互動寫是分開寫的，用可是

要一起用的，論名最忌獨論單項互動，往後筆者會舉些例子讀者多看自能了解。

天格對人格	外在形象、思想、理性、丈夫、上司、長輩之互動。
地格對人格	行事作風、感情、感性、妻子部屬、晚輩之互動。
天格對地格	婆媳問題、親子關係、EQ高低。
外格對人格	人際好壞、名譽、對環境的企圖。
總格對人格	財運好壞、金錢觀、人生觀。
外格對總格	合夥、合股、外人倒債的可能性、財源好壞。
天格對外格	外緣與事業、形象、長輩之互動、虛榮心。
地格對外格	外緣與情感、知心朋友的互動。
天格對總格	財與事業形象、長輩之互動、意志力。
地格對總格	財與情感、家人的互動。

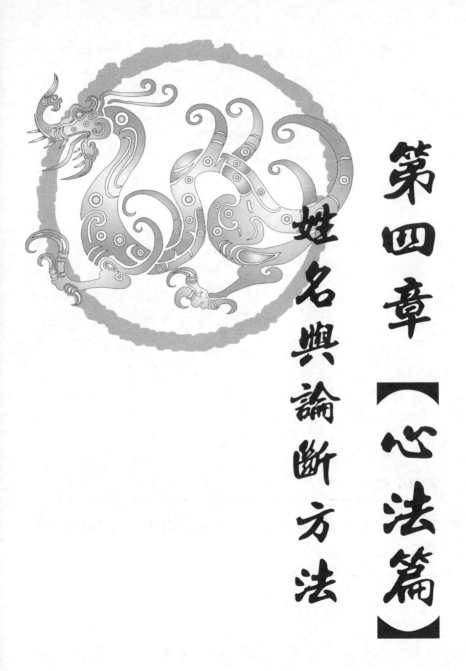

第四章【心法篇】

姓名與論斷方法

五術小觀念

取某前，生子後，是人生成就的兩道關卡，您掌握到了沒？

　　接下來就到了姓名學中最神秘也是最重要的一環——論斷方法，在筆者著書的過程中，曾多所參考其它大師的精采著作，其中不乏許多應驗度極高的條文，以及一些快炙人口的論斷實例，但就是沒有一本書是講為什麼的，一大堆應驗條文諸如「天格剋地格則不得長上助，家庭多紛爭」等等，這樣讀者何時才能自行論斷？倒不如編成程式，大家依樣劃葫蘆來排排看就好了，何必一本又一本的出呢？

　　所以筆者想寫一本如何論斷的書，讓大伙不再花冤枉錢，就能邁入姓名學堂奧，而不是作一個「背書大師」或「查書仙」，可是理論的書多半不好賣，所以讀者們能看到此書，可要好好感謝及佩服出版社的勇氣和服務大眾的心，由於這種書不符合現代人快速的觀念，反而查表式的書可盡便利之效所以多是暢銷書，這正應了一句俚語「有一好沒有兩好！」。

　　所以筆者思前想後決定兼容並蓄，使本書既是理論書亦具查表式功能，懶的人、沒空的人、急用的人可以當作查表式的書籍，而有好奇心、求知慾、想知道為什麼而又有空的人，其實這本書你更可以考慮（有點賣瓜嫌疑！）。既然本書是打著理論書的招牌，除了寫出理論之外，如何讓人看的懂且會用才是難度最高的地方，為此，筆者狂閱市上所有類型之工具書，甚至教育、建築、美術等等，幸

而皇天不負苦心人，終在推銷工具書（一次cloes）上找到靈感，大伙要好好感謝林金土先生間接地促成了本書的完成，在此筆者向林先生深深致謝。要如何才讓人能輕易學會姓名論斷呢？就是用「話術」來學習，也就是學習「論斷的結構」，之後就能隨心所慾的應用自如，就像懂文法再學語言一定事半功倍，也像懂了九九乘法再難的算式也能迎刃而解一樣。

好！廢話不多說了，我們馬上開始吧！其實要論斷姓名，只要把握以下三原則即可，1.立極點的取用、2.陰陽的吸斥、3.五行的生剋，就讓我們一一來研討吧！

第一節 立極點的取用

首先是立太極點，那麼什麼是「太極點」呢？用現代化的名詞來說就是基準點。我們都知道要比較二件事，一定要有一個基準後才能比較，舉個例吧！如果我們要比較二人的身高高低，如甲身高180公分，乙則是170公分，那我們便要取其中一人為基準，比如說選甲為基準我們才可以來比較乙比甲身高低。

理論很簡單，「找基準來比較」用古語就是立太極點。而為什麼用太極這個名詞呢？不就是我們第一章所論述的嘛！太極就是最小單位、就是1，有了太極、有了1，才有其它的萬事萬物，所以我們論斷前要先立太極點，而其具體的操作方法就要從我們所要的目地下手。

比如我想知道「此人對朋友如何？」，那就是取朋友（外格）為太極點，也許大家會有疑問，為什麼不取此人（人格）立太極呢？原因其實不難，如果我們以此人（人格）立太極，也就是基準，怎麼能看出他對朋友好不好呢？就像我們坐在車裏如何知車速快慢的道理是一樣的，所以我要知道「此人對朋友如何？」如果不從朋友（外格）著手，怎麼知道此人（人格）對朋友（外格）的好壞（生剋）呢？以此人（人格）著手只能看出朋友（外格）對他（人格）如何（生剋）不是嗎？

　　如果我問「這個人對上司的關係？」要以此人（人格）還是上司（天格）立太極點呢？答案是以上司（天格）立太極，大家懂了嗎？以上司（天格）立太極點，才起看出此人（人格）對上司（天格）的關係（生剋）嘛！那如果我問「此人理財觀念是何？」以何格立極呢？答案是財（總格），懂了吧！

　　以上可以歸納成一句話術，簡單的說，如果我問「甲對乙如何？」時，就是以乙立太極點去探討甲對乙的生剋關係，沒問題吧！再來「此人對部屬如何？」是以何格立極呢？以部屬（地格），會了嗎？那「子女對此人如何？」要以何格立太極？以此人（人格）立極對吧！如此才能看出子女（地格）對此人（人格）如何（生剋），懂了吧！

　　此外關於立極點還有一句話術，就是「甲如何？」，例如「我的財運如何？」「他的子女如何？」等等，此時立極點就是甲本身，所以以上二個問句就是以財運（總格）及子女（地格）為立極點去比對其它四格，也就是「甲對乙如何？」這句話術專用在甲、乙兩格的互動，而「甲如何？」這句話術，則是用在甲格對其它四格的互動，其中就包含了四句「甲對乙如何？」，也由於它牽涉較廣故比較複雜，讀者當以第一句話術學習起。

　　大家此節多看幾遍自然能心領神會，立極點的取用是

為了讓我們方便找出論斷依據的地方。其實生活中也時常需要用到立極點的觀念，我們常常聽到有人說「我對他如何如何，沒想到他竟如此對我！」，諸如此類的話常令人忿恨填膺。可是大家可能都沒注意到，這裏也有個立極的問題，「我對他如何如何」和「他如何如何待我」這兩句話的立極點根本不一樣，一個立極在「他」一個在「我」，大家用的基準不同、著眼點不同，彼此的認知差異如此大，我們怎麼能只去怪別人如何如何呢？當然就會出現「恩將仇報」「以德報怨」等等令人難解的情結，親子情結、情殺、婆媳問題等才會屢見不鮮，究其因乃立極點取用混淆所致，所以一般談人際的書籍都會強調「用別人的角度來想事情」，這不就是教你如何取立極點嗎？

　　清楚了嗎？好，讓我們整理一下此節的話術：

問句	立極點
甲對乙如何？	以乙立極
甲如何？	以甲立極

第二節 陰陽的吸斥

「同性相斥，異性相吸」自古皆然，在姓名學中以單數為陽、雙數為陰，所以當單數逢雙數或雙數逢單數時，由於本身陰陽的相吸，不論其五行如何都會存在親和感、協調感，就算是不好的組合，也是一個願打、一個衡挨，這是一種拉力、吸引力的導向。反之，單數逢單數或雙數逢雙數，彼此陽陽、陰陰相斥，也不論其五行如何，皆會存有仇視感、不協調感，就算是再好的組合，也只能獨唱「其實你不懂我的心」，由於付出得不到收穫，這種人通常比較難滿足，物慾會比一般人大些，也比較無情，尤其五格全陰或全陽者尤顯，這是一種推力及排斥力的導向。

這裏的話術，同陰同陽者表象不和諧故「彼此不講情面」，一陰一陽者表象相和故「彼此講情面」。此外，陽主動、陰主靜，動太過則全陽者過於急躁、全陰者過於固執，皆非中庸之道。一個陰陽調合的名字才是好名字的基本條件，這一點各位讀者請多留心。

而關於具體的操作方法，我們舉個例子，李遠哲博士：

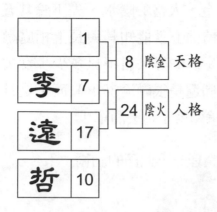

　　天格8陰金，人格24陰火，論其對長上的態度，　用前節話術以長上為立極點，姑且不論其五行生剋，看到天、人皆陰數，就知道其「彼此不講情面」也就是彼此不能接受對方、有疏離感，無論李遠哲博士對長上究竟是如何，長上也無法體會他的好意，會有一種「搔不到癢處」的感覺，相反的陳水扁先生：

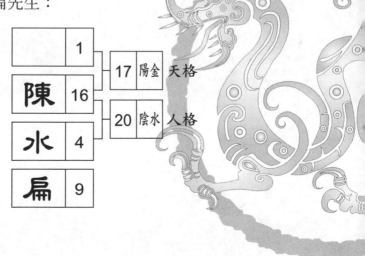

　　天格17陽金，人格20陰水，先不論其五行生剋，一陰一陽「彼此講情面」就能知其與長上相處融洽（注意，是融洽，不一定是真的好，君不見多少少女被男人騙了還幫他算錢嗎？他們還是很融洽呀！）而不是針鋒相對，處處較勁，陰陽的論斷就是這麼簡單！

　　好，我們整理一下此節的話術：

生剋不論	陰陽	話術
	相吸	彼此講情面
	相斥	彼此不講情面

第三節 五行的基本性質

　　經由立極點取用令我們了解事件發生的所在，陰陽的吸斥則能看出事件的表象（諧調或衝突），而事件的運作或說過程及動作則非五行生剋不能論斷，可知五行實是姓名論段中極為重要的一環，大伙切勿輕之。在論五行生剋之前，在這裏我們先要更來了解其所代表的性質及數字涵意，不過這次我們需要用圖示法來幫助理解。

一、木「少陰、東方、春天、外格、數字1、2」

　　首先說的是五行中的「木」，上面括號中的是它的類象（也就是擁有相同性質的一群事物），其中大部分我們已經了解了所以不再重複，讀者可翻回複習。至於為什麼數字1、2是屬木，這是因為十天干之首甲乙屬木之故，同理丙丁為火，3、4也就為火；戊己為土，5、6就為土；庚辛乃金，7、8也就為金；壬癸是水，相同的9、10也屬水，因為十天干不在我們討論範圍讀者知之即可，有些人會說，中國自古以來沒有數字1、2是屬木的，河圖1、6共宗為水，洛書1亦為坎卦水，所以認為姓名數理不可信，在這裏筆者就要說句良心話了，到底河圖數字1是不是屬水還不知道呢！河圖也只是寫「16共宗」「天一生水，地六成之」，誰說1不是屬木呢？而且若照所說1、6為水，那為何洛書6又為金呢？所以不要用這種方法來攻擊別人的學說，徒顯自家氣度狹小罷了。以上沒有基礎的讀者聽不懂沒關係，因

為這段是寫給「自認內行人士」看的，自然比較難懂，看過就好了。

木是少陰之象，外陰內陽，陽氣欲出陰氣下制，因而四散，如圖：

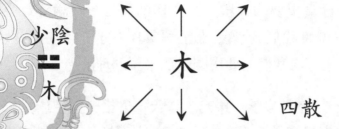

故木的性質就是「四散」，所以春天生氣膨渤四處蔓延、東方日出而大地回春、外格主盤根錯結的人際網路，此皆「四散」之象也。故數字1、2者具木性著重在外格，此中又分陰陽虛實之不同，1者陽木，主外格無形之「名聲」，所以數字1者愛面子、好領導、喜人奉承、不願輸人，以致於一意孤行，乃太過所致，又因其重名聲，又顯得太多疑些，易神經衰弱。2者陰木，主外格有形之「人際」，所以數字2者重朋友，以他人為依歸，故帶有朝三暮四、見風轉舵的味道，也因此有所謂老二格之稱謂，乃其多以他人為重之故，但實為佐相人物，因多重他人故人格2者一般多苦悶之心態。

二、火「老陽、南方、夏天、天格、數字3、4」

火者老陽，內外皆陽，乃「展現」之象。數字3、4者具火性著重在天格，又分3者陽火主天格無形之「形象」，故數字3者多打扮中規中矩、彬彬有禮、喜受人注目重視、不喜獨處、不耐靜、虛榮心略重。4者陰火主天格有形之「事業」，故數字4者多務實型人物，每每劍及履及事業心重，平時話少，有所謂悶騷之個性，但一說即針針見血，頗為情緒化，又心思細膩乃其一大特徵，不空談。

老陽
＝
火

火

展現

三、金「少陽、西方、秋天、總格、數字7、8」

金者少陽，外陽內陰，一上一下互不干涉乃「冷漠」之象，冷漠者自我過於內聚之顯象，與木之「四散」正相反也。故數字7、8者具金性多有冷漠之感，著重在總格，其中再分為7者陽金主總格無形之「成就」，故數字為7者意志堅強說做就做，絲毫不講情面頗具「一將功成萬骨枯」之味道，其為人也吃軟不吃硬，重結果，格局差者每每不擇手段，話不多，但非口才差只是話少而已。8者陰金主總格有形之「財產」，非只金錢角度更包含了一切屬於自己之

物，甚至兒女家庭亦是，換言之數字為8者佔有慾極強，但外表多看不出來，其人內向但固執，對金錢物質看很重，亦是很務實之人物，與陰火者非常相似，二者見面話皆不多，但陰金者帶「冷」，陰火者為「悶」，又二者實際差別在陰火者因其火性故主「創業」，而陰金者主金性故為「守成」居多。

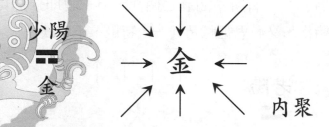

少陽
金
金
內聚

四、水「老陰、北方、冬天、地格、數字9、0」

水者老陰內外皆陰，天地一片寒凍主「靜默」，相對於火性「展現」之外觀，水性多偏向內自我之體察。數字9、10者具水性著重在地格，分為9者陽水主地格無形之「表現」，故知數字9者乃一個人主義極強之人物，著重表現，對自己要求每至完美地步，常令人受不了，又難接受他人之忠告故稱小孩格，「天真」乃其一大特徵，非指其不切實際，乃言其總認為他人必遵己之指示行事的「孩子氣」心理，不懂察言觀色又不顧他人好惡，說要就要任意妄為，常無意間得罪人又不自知，導致敵人一大票到處犯小

人，徒增命途艱辛。0者陰水主地格有形之「家庭」，故知數字0者重感情、重心靈層面，但多情緒化、好幻想，一切感情爲依歸，內向溫柔但佔有慾亦強，與陰金之差別在於陰金重視「可見」的物體，而陰水偏「不可見」之心理方面，故陰水重之女子多溫柔但亦是個大醋罈子，尤其帶8者，乃其重感情之故。

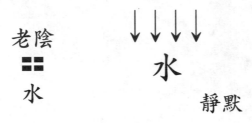

五、土「太極、中央、四季交界、人格、數字5、6」

土者太極也，無卦無象，秉無極而生，爲萬物之母，故取後天水火入卦（乃先天乾坤父母之位），5者陽土取陽火入卦（所謂入卦指替代而言），因火爲老陽而陽火更爲陽中之陽，6者陰土取陰水入卦，因水爲老陰而陰水更爲陰中之陰，以此純陰純陽來表父精母血，以合生育包融之土氣，觀其圖，圓融周滿不偏不頗，正合太極。

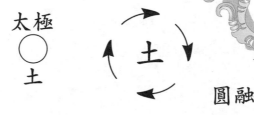

　　故數字5者同3數，數字6者同10數，性質同前不贅，但需知數字5、6者乃借他卦來用，故其爲人者先天上心理多空虛、自卑，多有不踏實感，後天無法補救。

第四節 五行的生剋

　　了解了五行的基本涵義後，我們現在就要來了解五行的生剋了。五行的生剋也就是五行的互動及干涉，話說我們的老祖宗用五行去歸納事物後，（就像我們第二章第三節所做的），發現這五行彼此竟能以某種特異的方式維持相互之間的平衡而不會偏頗其一方，而此種方式就是「生」與「剋」的交互變化，其中「生」就是付出、幫助、供獻、給予之意，「剋」就是欺負、傷害、要求、從中獲取之意，由五行的生剋關係可由右圖表之。

金生水：金屬溶解成液體。

水生木：水分能滋養樹木。

木生火：鑽木能生火。

火生土：火燃盡剩灰塵。

土生金：金屬莫不生長於土中。

金剋木：斧頭能伐木。

木剋土：樹木往下紮根，吸取養分。

土剋水：水來土掩。

水剋火：水可滅火。

火剋金：火可煉金。

以上是坊間說明五行生剋的常用說法，雖然說不見得正確（五行生剋乃由河圖洛書推來，不過礙於篇幅從略），但卻對背記五行生剋很有幫助，大伙們只要想像一下通常就記起來了。

看著這張圖，不曉得大伙對我們的老祖宗有沒有很崇敬，在圖表的任一種五行皆維持平衡，當其中一個力量減弱馬上就能補強（生），相對的若是其中一個力量增強也能馬上被抑制（剋），達到我們傳統上追求之「中庸」境地，其不偏不倚、不強不弱乃最完美之平衡態，您說是嗎？

再來，知道了五行誰生誰、誰剋誰還不是重點（但一定要背起來），重要的是五行生剋的意義。舉一個例子，如果太極點定在金，則逢其它五行就會有下列五種情況：

（1）逢土：土會生金，簡稱「去生」此一詞即指去幫助、供獻太極點。

（2）逢火：火會剋金，簡稱「去剋」即去傷害、要求太極點，從太極點得到好處。

（3）逢水：金會生水，簡稱「被生」即被太極點來幫

助、來供獻。

（4）逢木：金會剋木，簡稱「被剋」即被太極點來傷害
、來要求，來從中得到好處。

（5）逢金：金比金（比是相同之意）簡稱「比和」即和
太極相同之意，五行為互相生助，此時以
陰陽吸斥為論斷主體。

那這五種情況又代表著什麼意義呢？接下來我們配合
前述之陰陽的話術來詳細解說五行生剋的涵意，為了方便
起見，我們以甲乙代表任意兩格的名稱，其中乙就是太極
點，此點宜先背記再往下讀。

一、「甲去生乙」

話術為「甲對乙付出」即甲主動對乙好，來付出心
力，也可說甲為乙之貴人，此時若甲乙為相吸時，配合表
象和諧「彼此講情面」，則加上一句「總是能恰到好處」，
代表甲對乙之助力總能在適時給予。若甲乙為相斥，配合
表象不和諧「此彼不講情面」，則加上一句「總是搔不到癢
處」，代表甲對乙好可是乙不領情，或是甲幫了倒忙反而遭
乙微詞，有一種熱臉貼冷屁股之涵意，此時乙會令人覺得
很隨便、不在乎。

二、「甲被乙生」

　　話術爲「乙對甲付出」即乙主動對甲好，付出心力，也可說乙爲甲之貴人，此時若乙甲爲相吸時，配合表象和諧「彼此講情面」，則加上一句「總是能恰到好處」，代表乙對甲之助力總能在適時給予。若甲乙爲相斥，配合表象不和諧「此彼不講情面」，則加上一句「總是搔不到癢處」，代表乙對甲好可是甲不領情，或是乙幫了倒忙反而遭甲微詞，有一種熱臉貼冷屁股之涵意，此時甲會令人覺得很隨便、不在乎。

三、「甲去剋乙」

　　話術爲「甲會去欺負或要求乙（相吸用要求，相斥用欺負）」，即甲對乙有某種程度上的慾望，故而去欺負或要求乙，此時甲乙若爲相吸，配合表象和諧「彼此講情面」，則加一句「總是很有一套」，代表甲去要求乙而乙又不會拒絕被要求，有一種駕馭得宜的涵意，對乙來說是一種標準的化壓力爲成就的表現。若甲乙爲相斥，配合表象不和諧「彼此不講情面」時，則加上一句「總是不留情面」，代表甲乃一意孤行，完全沒得商量的去欺負或要求乙，有一種「挑剔」的涵意，乙則無力反抗，剛開始時猶豫害怕，一旦決定卻反而固執不知變通，有一種悲觀的心態，反而太過保守。

四、「甲被乙剋」

話術爲「乙會去欺負或要求甲（相吸用要求，相斥用欺負）」，即乙對甲有某種程度上的慾望，故而去欺負或要求甲，此時甲乙若爲相吸，配合表象和諧「彼此講情面」，則加一句「總是很有一套」，代表乙去要求甲而甲又不會拒絕被要求，有一種駕馭得宜的涵意，對甲來說是一種標準的化壓力爲成就的表現。若甲乙爲相斥，配合表象不和諧「彼此不講情面」時，則加上一句「總是不留情面」，代表乙乃一意孤行，完全沒得商量的去欺負或要求甲，有一種「挑剔」的涵意，甲則無力反抗，剛開始時猶豫害怕，一旦決定卻反而固執不知變通，有一種悲觀的心態，反而太過保守。

五、「甲比和乙」

話術爲「甲乙就像朋友一樣」，即甲乙之間講求平等、無尊卑之分，五行生剋兼具「去生」和「被生」之形態，若甲乙相吸，配合表象和皆「彼此講情面」，則加上一句「總是協力共進」，代表甲乙就像好朋友，你對我好，我對你好，你幫助我，我幫助你，一起成就。若甲乙相斥，配合表象不和諧「彼此不講情面」，則加上一句「總是沒有交集」，代表甲乙是種志不同道不合的朋友，你幫不到我，我幫不到你，充滿著矛盾及疑惑，沒什麼大壞，但也沒什麼大好之處。

好，我們將此節話術整理一下：

狀況	表象	話術
甲去生乙	相吸	甲對乙付出，總是能恰到好處
	相斥	甲對乙付出，總是搔不到癢處
甲被乙生	相吸	乙對甲付出，總是能恰到好處
	相斥	乙對甲付出，總是搔不到癢處
甲去剋乙	相吸	甲會去要求乙，總是很有一套
	相斥	甲會去欺負乙，總是不留情面
甲被乙剋	相吸	乙會去要求甲，總是很有一套
	相斥	乙會去欺負甲，總是不留情面
甲比和乙	相吸	甲乙就像朋友一樣，總是協力共生
	相斥	甲乙就像朋友一樣，總是沒有交集

　　現在我們舉個例子，大伙就能知道話術有多好用了。假設現在我的姓名是天格陽金剋人格陽木，若我們以人格立太極，則代入狀況即為「天格去剋人格」，語術即為「天格會去欺負（相斥）人格，總是不留情面」，然後我們可以任意將天格的涵意（上司、長輩、理性、思考、丈夫…）

及人格的涵意（我、身體、靈魂）代入話術中，如：

(1)「上司（長輩）會去欺負我，總是不留情面」可知上司（長輩）和我相處不來，時常找我麻煩，或交代一些「不可能的任務」，令我很煩惱，也可以說我不擅處理和上司（長輩）的互動關係，時常被「定」！

(2)「上司（長輩）會去欺負我的身體，總是不留情面」可知由於上司（長輩）所帶來的壓力會令我的身體（頭以下，肚臍以上）不適，因為人格是陽木而在身體中五行為陽木的臟腑為膽，可知膽會生毛病、不適（論疾病以後再述）。

(3)「理性（思考）會去欺負我，總是不留情面」可知我一定時常腦筋打死結，反應不過來，不適合讀理科而適合讀文科（因甲去剋乙時，乙會傾向固執不能變通，故適合背書），而且會不喜歡思考事情，但一旦想停卻又停不下來，小心「當機」！

(4)「理性（思考）會去欺負我的身體，感是不留情面」可知常常腦筋打結而影響到我的健康，由第3點可知膽會不好起來，宜小心才是。

（5）「丈夫會去欺負我，總是不留情面」可知我的老公（假設是女人）是個大男人，對我很不客氣、沒有情調、喜歡命令我做東作西，也可以說我不喜歡有英雄氣概的人物（相斥），不喜歡被老公佔有（相斥），所以夫妻感情不太美滿。

（6）「丈夫會去欺負我的身體，總是不留情面」這不是虐妻，請注意！只是說老公對待我的方式會令我的身體長久以來產生一些毛病，至於是不是被虐待要比對夫妻二人才能知道，請不要聯想太過了！

　　怎麼樣，很容易吧！「超簡單！讓你成為姓名學大師」一點也沒唬你吧！論姓名就是那麼簡單。讓我們再舉個例子吧！「朋友對我如何？」用話術來看就是以（人格）　為太極點，看朋友（外格）對我（人格）的生剋，在這裏若人格為陽金，外格為陰土，五行土生金也就是外格「去生」人格（太極點），代入話術則為「朋友對我付出，而總是恰到好處」可知此人來往皆貴人，益友甚多。好了，好了！實在太簡單了，再舉例下去會讓人以為在騙錢呢！放心，後面還會說的更多，不要急。

第五節 五行生剋與力量大小的補述

綜論上述之論點，我們再來作個補充，首先大家要先有個觀念，就是「剋」不一定就是凶的，很多人一看到人格剋天格，就說別人（人格）剋父母（天格），這絕對是錯誤的一種論法，同時也是不負責任、沒有良心道德的一種論法，大家千萬不要有這種觀念，試想想一個名字可看出父母親友的壽命，難道把所有孩子的姓名拿來論，結果都會一樣嗎？大伙只要算一下自己家人就可以明白這是不可能的，所以我們不能這麼論。

何況所謂剋父母是指什麼呢？自古來白髮送黑髮的又有幾人呢？大部分的人其父母總是比自己早往生，這也算剋父母嗎？希望讀者們能好好想一下這些問題，才不會著了人家的道，才又大嘆「算命仙騙人」，這不是很划不來嗎？

其次，一個「剋」其實還分四種情況，概略的分也有二種，就是相吸的剋和相斥的剋。相吸的剋在陰陽的影響下常會有吉的涵意出現，至於相斥的剋其凶性的確較大，但也不至於到刑剋家人的地步，頂多就是和不來、是非口舌、來往少罷了，切莫作過多聯想。不過在這裏，筆者不得不提醒一次，「剋」就是「剋」，陰陽相吸或相斥只是表象上、人情上的處理好壞罷了，內裏還是同一鍋湯料，大

伙切勿忽略。同理「生」也至少分兩種，當然相吸的生會比相斥的生好些，畢竟誰願意付出得不到認同呢（彼此不講情面）？

由此可知，一個姓名絕對不可以是全陰或全陽，姑且不論其他，這種人的人情就很淡薄，因為姓名中皆相斥表象皆不合諧，不管是生是剋都得不到什麼效果，久之不是不擇手段就是不近人情一個，所以一定要避免，大伙切記。

其三，這裏我們還要再補充一項要點，就是在所有的相剋中，有兩種剋是要密切注意的，其中一種是差5的剋，也就是1剋6、7剋2、3剋8、9剋4、5剋0，這種剋反而有種「親和」的形態，在古代有個專有名稱叫「合」，由名觀之可知這是一種反吉的格局，因為一來其陰陽相吸（表象和諧），二來其皆陽剋陰，此二點合論就有一種英雄難過美人關的味道，也有一種不打不相識的涵意，所以姓名中此種剋愈多者，反主其人緣愈好，讀者可隨便算幾個藝人即可知筆者所言不虛，此時人格若是陽數者為主動者，若陰數則為被動者（人格一定被剋之故），但皆人緣佳。至於陰剋陽雖表象和諧，但畢竟一個弱女子如何打倒壯丁呢？總是力有未怠，比「合」的力量弱了一點。

第二種剋是差6的剋，即0剋4、9剋3、8剋2、7剋1，在

這四種情況下，此兩數會產生一種「決裂」的形態，在古代的專有名詞是「沖」，沖則散矣，其凶性之大可想而知，至於其成因之一則是陽陽剋、陰陰剋之故，之二則與地理上的方位有關（甲庚、乙辛、丙壬、丁癸兩兩相對）。不過一般讀者不需太執著其原理，可待將來學習陰陽宅再了解即可，若沒興趣則更不需在此白花功夫，稍微背一下就好了。此種格局是一種仇人見面或是分崩離析的涵意，一但姓名中此種剋太多者，其人緣一定其差無比，親情愛情也會受到一定程度的影響，是最凶力道的一種剋，女性朋友尤其該避免，畢竟「男重財，女重情」人緣好一點總是好的，至於其它的陽陽剋，陰陰剋，如6剋0、5剋9之類力量則又輕一層，總之相斥的剋皆能避免方是最佳的選擇。

再來要說明的是五行生剋牽涉到二格以上時的力量強弱影響，比如地格去生人格又去生外格，對地格來說同時付出二分力，自然力道弱了些，而相對的對人格或外格來說得到的力道也弱了些，甚至人格和外格會有爭寵的味道出現（人外二格數字一樣時）。相同的，剋的情況也是如此，同時剋兩格，力量當然打折扣，但對被剋者而言不也是多了些喘息的空間。再換個角度來說，同時二格去生一格，則此生的力道更是加倍，收穫也更多，當然過與不及皆非美事，太多格去生一格，則此格多少會狂妄起來（太受寵之故），反而容易犯下大錯而不自知。相同的道理，二

格以上剋一格，則此格所受之壓力及阻力之大可想而知，說其四面楚歌也不為過，在運途上、心性上將留下難以彌補的遺憾。以上所述，皆會隨著各別姓名格局而會有變化存在，但所秉持上述諸點，所謂變化莫測貴在存乎一心，理則抓準，其餘的就不是什麼大問題了。

接下來我們就舉個實例來看看實際如何應用呢？

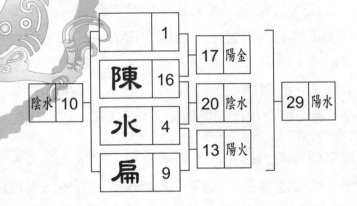

陳總統相信大家都不陌生，對於他敢衝敢拼，霸道激進的作風想必也該印象猶新，那麼，這種人的行事作風也能在命理上有所解釋嗎？答案當然是肯定的，「此人的行事作風？」合該以「地格」為立極點（還不懂的人請這節重讀，否則會讀不下去的），再看其它四格與「地格」之陰陽及五行的對待往來，先看「人格」來剋「地格」火，代入話術則為「此人（人格）會去要求其行為作風（地格），而總是很有一套」可知此人會去要求其自己行為、下屬、

家人，而且是很強制的手段（剋），但彼此又對此不以為忤（陰陽相吸）彼此講情面，故可論此人行事作風乃霸道、喜命令人，對事物有操控慾，但由於其陰陽相吸少一些抗拒，彼此都能接受，若是換同陰陽者則每弄至人人怨聲載道，眞暴君也（彼此不講情面），故知數理上陰陽調合的重要，讀者切莫大意。此外，有一點是不得不再提的，即不論陰陽相吸或相斥，「去剋」依舊是「去剋」，作的還是同一碼子的事，只是包裝不同，一個則人視英雄，一個則人稱莽寇，其實肚子裏還是同鍋湯料，但筆者也非說「去剋」有什麼不好，它同時也是積極、奮鬥的代稱，好與不好該是因人而異，關鍵就在心性的差異，一個人格雙數者或其它格皆生人格者，這些人本性略怠惰是該加些鬥志，而人格單數者又或人格多剋其它格者則最好避免，免得霸氣太過適得其反，「過與不及」讀者們宜學著拿捏。

　　回看陳市長，除了「人格」來剋「地格」之外，「外格」和「總格」也會來剋「地格」（地格逢三剋，可知其妻子一定難為，身心俱疲），故知其朋友（外格）及錢財（總格）會來欺負其家人部下及其行為，也可以說會來干擾妨礙他的「行事作風」，而「地格」去剋「天格」，可知其行事作風會欺負其上司長輩，造成上司長輩不必要的傷害及麻煩，怎麼樣是不是很貼切呀！這就是姓名學的魅力，略舉一例，其餘我們下篇再論。

　　這裡還要說明一點，前面幾節我們的重點皆在雙格論述，其實若要提昇功力，實該打破宮位（格）限制，也就是五格一起看（如本章論陳總統之行事風格之論法），原理亦是用前面幾節所述之三段論法，只是著眼處較大罷了，讀者宜循序漸進，基礎穩進步才快，筆者提此只是給大家一個完整的概念一個大方向，大伙切勿躁進，偷雞不著小心先蝕把米，可就非筆者所願了。

　　再說一次，三段論法（又稱三步斷訣）就是立太極、分陰陽、明生剋，一定要熟，萬丈高樓平地起，這個方法熟了，成為大師指日可待！

第五章【法訣篇】

姓名與論斷公式

五術小觀念

搶運最有效的方法—「手機門號」，好的門號帶你上天堂，不好的門號不只讓你住套房！用門號前是否先考慮一下呢？

　　首先，先恭喜大家已渡過最難挨的過程，恭喜恭喜！舉凡任一種學術最難的莫過於基礎的打底紮實，學習姓名學當然也是如此，在前幾章我們已把所有需用的心法原理都教給大家了，現在的你們可說是神功初成，正待一展雄風之時，所欠缺的只是實戰的經驗與熟悉度而已，所以我們特別準備了這一個「姓名論斷公式篇」，讓大伙從中能慢慢熟練這些招式進而能活用這些招式。

　　另外此篇也可以說是論斷姓名指南手冊，就好像旅遊指南手冊一樣，直接帶你走入精華區，不用繞道路，即省時亦省力又無迷路之險，不過也正如旅遊指南手冊一樣，這是入門專用的，一但大伙駕輕就熟瞭如指掌後此物棄之可也！那時任你天涯海角暢行無阻，此章只是筆者常用之法則而已，讀者將來亦可自創招式，成就一派武藝，千萬不要死記死背，否則究竟難入出神入化之境。不過當然，如果大伙只是想對人生有所助益作個參考而已，則此章已足，不用再多做深入，學習只是過程而非目標，請記得您學習的初衷，除非您和筆者一樣，以學習為目標，否則將得不嘗失，切記切記。

第一節 斷姓名第一招

人格與天格的關係：你的腦袋裡裝什麼？

一、**人格被天格生：**智慧能自行湧現，屬於聰明型人物，但被動，少主動思考事情，相斥者思非所用，為無用之小聰明，相吸者每有急智解難，此格皆令人有穩重、靠山雄厚、精明之感。

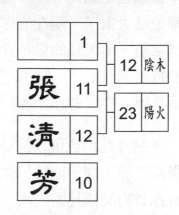

二、**人格去生天格：**喜歡主動思考事情，對思索邏輯有天生的追求習慣，時常陷入思極魔境，相斥者常鑽牛角尖，不得其解，有腦神經之患，相吸者思緒深慮但固執不知通變，不受人左右其想法，要小心用腦過度，此格皆有斯文、禮儀彬彬之表象。

三、**人格被天格剋**：常被思緒所干擾而不能抗拒，非常敏感乃至神經質，常陷入苦思不能自拔之地，相斥者過於偏激狂執，相吸者亦難免，只是情況較正常些，此格皆極需被尊重，有一特徵即靜不下來，動來動去，異常急躁。

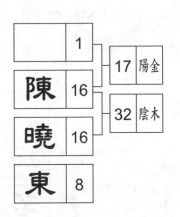

四、**人格去剋天格**：熱愛思考遊戲，欲罷不能，邏輯清晰調理分明，凡事喜抽絲取繭，思索無礙，但極自主乃至主觀太過矣，相斥者成猜忌，對事皆抱質疑心態，對人事物皆不易認同，喜歡打破沙鍋問到底，具叛逆味道，相吸者為隱性，內裏大同小異，較輕微，此格眼神皆銳利如劍，令人不好親近。

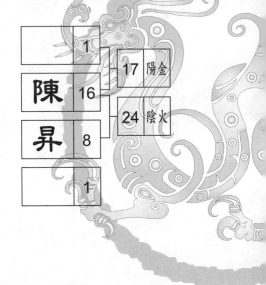

五、人格比和天格：即主動思索事情，亦時常思若湧泉，具雙重性。

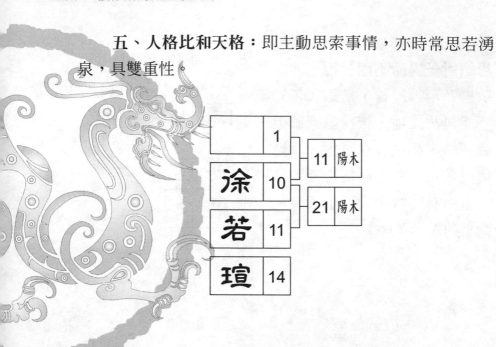

第二節 斷姓名第二招

人格與總格的關係：你的理財觀、人生觀是啥？

一、人格被總格生：被動追求，但財帛、運道自己來

找，是十足的好運人，
進財機會多，好運常
逢，但有浪費之嫌，相
斥者起伏太大，有需求
時多半無（但不致匱
乏），無需時則太多，
相吸者事事順心美夢成
眞，唯過浪費亦主坐吃
山空。（不信命運）

	1
陳	16
小	3
春	9

19 陽水 ─ 28 陰金

**二、人格去生總
格**：主動追求財帛、運
道，執著但不懂變通，
故於財爲腳踏實地的存
錢，於運道相信一步一
腳印，七分靠打拼，相
斥者求多不得，自怨自
艾，相吸者辛勞有成，

	1
周	8
華	14
健	11

22 陰木 ─ 33 陽火

勤儉致富。（不迷信）

三、人格被總格剋：一生常為財帛運道所苦，理財猶豫不敢下手，見好見壞又不肯收，運勢好壞沒自信，人生過於保守，相斥者乃真苦命人也，終日為錢所擾，生活清苦，又不知變通，只會守成，而怨天尤人，一生勞苦，相吸者每至山窮水盡才得逢貴人，亦為金錢所擾，但一生終能有成，唯辛勞異常。（迷信）

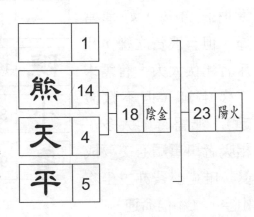

四、人格去剋總格：積極追求財帛，敢拼敢花，追求好運道，相信人定勝天，不屈服，相斥者想要多得不到，易走偏鋒，相吸者，以錢滾錢，白手起

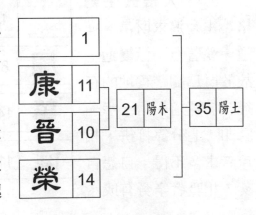

家，肯拼不服輸。（不認命）

五、人格比和總格：存錢、花錢兩得宜，美夢常成
真。

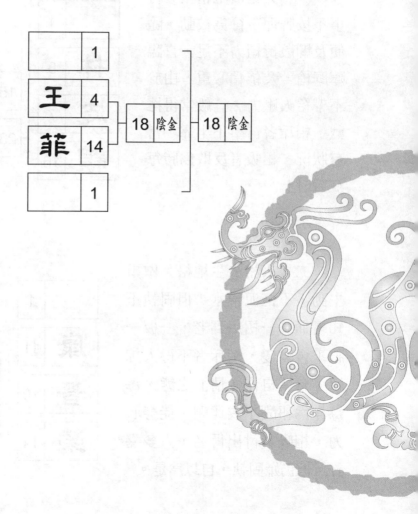

第三節 斷姓名第三招

人格與地格的關係：你究竟是個怎樣的人呢？（行事風格）

一、人格被地格生：行事不按牌理，行為被動，隨便及懶散持續力不足，喜臨陣磨槍，及依賴心重，由於不帶給人壓力，一般常得擁戴，相斥者行事不牢靠，常有狀況，相吸者反敗為勝每在刀口上。

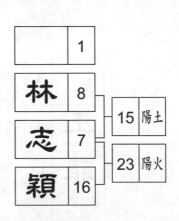

二、人格去生地格：做事主動，不拖泥帶水，但固執不知變通，一招用到老，一板一眼不會轉變，相斥者不得人諒解，有「自作多情」之態，每每作為報酬不成比例，徒勞心力，相吸者付出得名，人多嘉許，但仍嫌固執，自以為是。

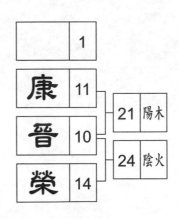

三、**人格被地格剋**：行事過於被動，自信不足，敢怒不敢言，不懂拒絕，易吃虧受侮，行事初時猶豫，後則牛脾氣也，固執不能變通，相斥者，行事乖張，難被世人見容，相吸者，乃一得力手下，負責認真，只是初時需鞭策、鼓勵，以去被動本質。

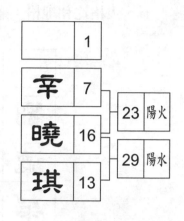

四、**人格去剋地格**：行事自主性高，霸氣十足，敢衝敢拼，喜主導事物，好辯，相斥者過於霸道，乃「一將成功萬骨枯」之格局，每至他人怨聲載道，相吸者技巧圓融，做事很有方法，少了一分強勢，實則相同，此格皆不喜他人討價還價，喜絕對的服從。

105

五、人格比和地格：兼具我生及被生雙重性。

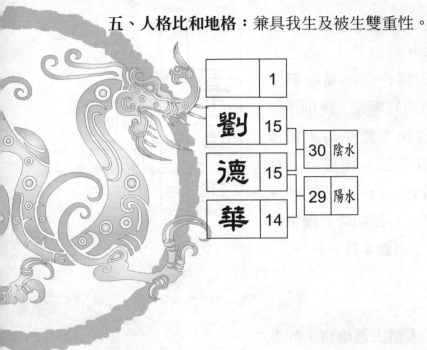

第四節 斷姓名第四招

人格與外格的關係：你是萬人迷還是顧人怨？

一、人格被外格

生：對人被動，但人會主動來找，人緣好，喜被保護、照顧，依賴心略重，相斥者，朋友常幫倒忙，難符其心，相吸者，每多貴人助，一生輕閒。

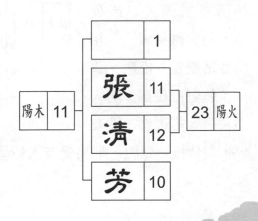

二、人格去生外

格：對人主動，但不會選擇，常掏心挖肺對朋友好，但方法略直，不知變通，相斥者「騷不到癢處」，甚者每遭恩將仇報，常受連累，相吸者朋友情深，互通有無，但仍是付出的多，喜為人謀，略自以為是（好管閒事）。

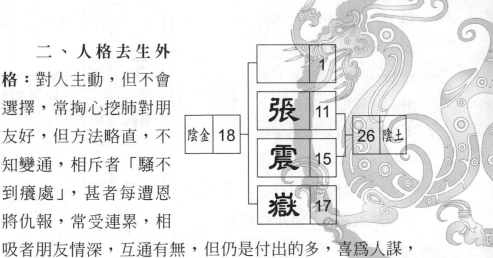

三、人格被外格

剋：常為人際煩惱，不善處理人際關係，交友初時多猶豫，以後死忠，乃患難見真情，相斥者常遭友人拖累、背叛，愈老愈孤獨，防人心太重。相吸者，朋友少，但皆推心致腹，唯易受友人影響，主見不足。

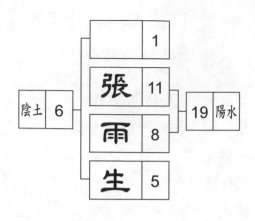

四、人格去剋外

格：對人強勢不怕得罪人，操控欲強，不容許背叛，自信滿滿，敢現、敢冒險，相斥者令人窒息，朋友少，多帶利用性質，相吸者擅處理人際，對人際很有一套，長袖善舞，但知心者少。

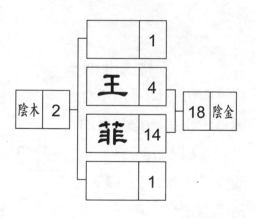

五、人格比和外格：具雙重性，對人友好，別人亦
是，互惠親蜜。

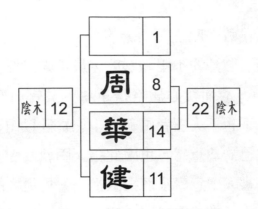

第五節 斷姓名第五招

人格的數字：你心底最在意的是什麼？

一、**人格數字1**：您最在意名聲及榮譽，視屈居人後為大辱，故有著強烈的不服輸心態，最怕人說你不行，或暗地裡說閒話，故而疑心病略嫌重些，其實有時候可憐別人，讓他一下也不失王者風範呢！您喜歡以領導、號令他人來保有自己的尊重感，也因此給人固執及愛面子的負面形象，容易被人虛意奉承而招致損失。您最大的特徵就是長了一張令人「望之儼然」的臉，白話一點就是令人不好親近，很嚴肅。

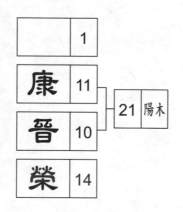

　　二、**人格數字**2：您最在意人際關係，簡直是把朋友當皇帝，所以常給人朝三暮四、見風轉舵的錯覺，其實您是很有主見及計劃的人，只是不願意扯破臉而已，故心中長存矛盾，給人鬱鬱寡歡的感覺。也正因您重視人際關係，懂得應對，又肯服務他人，所以正是絕佳的公關或居中調停之頂級人物，不過您有個最大缺點，就是很會「碎碎唸」，拜託！為了別人，也為了您自己，請改改吧！而您最大的特徵就是長了一張「早熟」的臉蛋，縱然年齡無幾，就是令人覺得歷盡滄桑。

三、**人格數字3**：您最在意自我的形象及外表，邋遢是您這一生最受不了的事情，所以您總是特別在意打扮，想給人彬彬有禮的形象，然而在您的內心其實是熱情如火的，十分的怕寂寞，您需要舞台，喜歡受人注目及肯定，是天生的大眾人物，依附著觀眾而活，孤獨是另一件令您痛苦的事情。您最大的特徵就是長了一張「老實」的臉蛋，也就是現在流行的「草根味」很重，也許有些人會用「憨厚」來形容您，也許您很不喜歡被如此稱呼，其實它真的為您獲得了不少利益，至少「第一印象」的分數就高了好幾分，或許您該重新去看看自己。

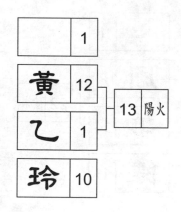

　　四、人格數字4：您最在意就是自己的事業，可以說是一個務實的人，不喜空談，「劍及履及」及「凡事先做再說」是您的格言，平時的您是不太愛說話的，但一說又每每語不驚人死不休，常常一針見「骨」，令人招架不住，所以在同扮眼中是標準的「悶騷貨」，心思很細膩，有點情緒化，生氣時通常悶著，再受刺激才會爆發（此時就很激動了），但頂多以毒辣的言語復仇罷了，算是紳士型的人物。您最大的特徵就是長了一張令人「悶」到快窒息的臉，通常這種數字的人不是帥哥就是美女（佔七成），綜合起來就成了痴男怨女的組合，一臉「眼淚吞腹內，心事誰人知」，其實也沒那麼苦命，開心一點嘛！

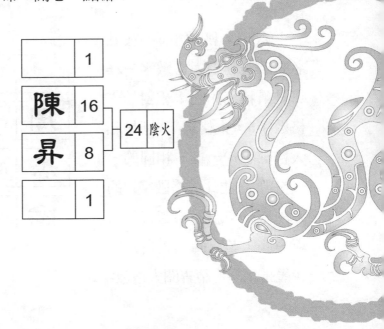

五、人格數字5：原則上人格數字5的人和人格數字3的人是一樣的，只是人格數字5的人內心比較空虛、不踏實，外帶一點自卑以外幾乎沒什麼不同，所以請大伙查閱人格數字3的內容吧！

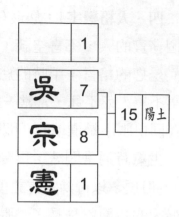

六、人格數字6：在姓名數字靈動中人格數字5及6算是最特別的吧！相對於人格數字5，人格數字6則是和人格數字10一樣，相同的，人格數字6也比人格數字10的人內心較空虛、不踏實及自卑一些，其餘的和人格數字10幾乎相同，請查閱人格數字10。

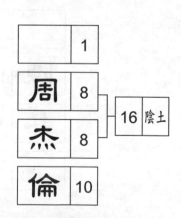

　　七、人格數字7：您最在意的是個人的成就或說行事的結果，爲了成功，您幾乎是想盡了所有方法，是個說到就一定做到，且很「阿莎力」的人物，但往往過程不太講情面，甚至給人不擇手段之感，這對人際關係無疑是一大傷害，您總給人鐵石心腸的感覺，其實您是吃軟不吃硬的，喜愛自由自在，厭惡所有羈絆，所以在人生的旅途上，您也就顯得孤獨了些。您最大的特徵就是長了一張「酷酷」的臉蛋，彷彿貼了一張生人勿近的告示，其實您笑起來也挺有魅力的，何不多笑笑呢？

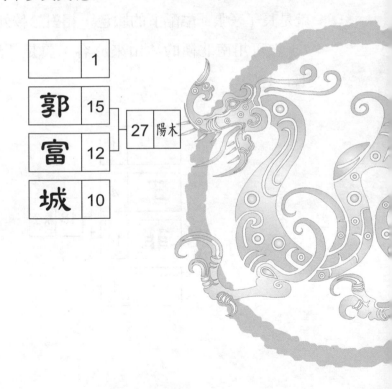

　　八、人格數字8：您最在意自己所能擁有的一切人事物，換言之您的佔有慾十分的強，當任何會威脅到您所擁有物的安全時，您絕對會誓死保護的，只是這樣的保護對「人」來說則是一種「壓力」（尤其是家人），其實「人」畢竟和「物」事不同的，或者您該學著用不同的態度面對「人」與「物」。基本上您是內向而務實的，話真的不太多，也比較保守及固執，「冥頑不靈」可能常常被用來形容您，不過您多半不太在意，因為您總認為那是「擇善固執」或是「有所為有所不為」的實現罷了。您最大的特徵就是長了一張「酷酷」的臉色，相對於較外向的人格數字7，您可用南北極的冰山來形容，真是「酷（cool）死啦」！

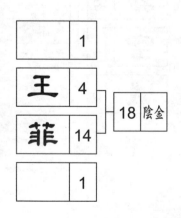

　　九、人格數字9：您最在意的是自我的表現，也就是西方人所謂的個人主義很重，您可以在比賽中失敗，絕對不容許自己表現不達自我水準，您同時也是個完美主義者，事事都會要求到最好，希望能做超完美的演出，也因此您常給人任性的感覺，就像小孩子一樣，有時甚至令人覺得不切實際，畢竟華麗的招式若沒有威力，只是花拳繡腿，徒然浪費力氣罷了，其實「最強的招式往往是最樸實無華的招式」，包裝可以不用花太多時間心力。由於您重視的都是自我的表現，往往忽略別人的感受，時常得罪人了也不自知，故人際關係實在不太好，真的得好好注意一下。您最大的特徵就是那張宛如孩童般「純真」的臉蛋及行徑，就算年紀大了也不能掩蓋這種氣息，「老頑童」絕對是您一輩子的代稱。

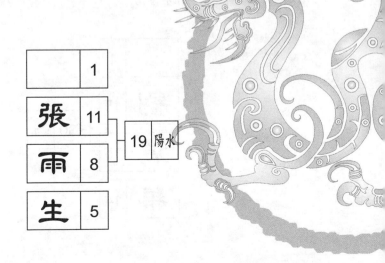

十、**人格數字10**：您最在意的就是感情，所以您處事總是極其小心翼翼，深怕傷了別人的心，所以總是給人貼心、溫柔的感覺，您總是為人著想，並同時認為別人也如你一樣的對你，可是別人又不一定真的會領情，是而受傷的往往是您自己，常常陷入情感的泥沼而掙脫不出，這往往是您情緒化的主因，生悶氣也是您所擅長的，不同於人格數字4，您發洩的方法常是傷害自己，這是很要不得的行為，或許找個好友聊聊是更好的方法呢！腦筋靈活，時常有天馬行空點子是您最大的財富，所以您的藝術天份自小就高人一等，將心力放一些於此對您絕對助益非凡。您最大的特徵就是長了一張如嬰兒般緻好的臉皮，保養對您來說簡直不知何物，老化幾乎是下輩子的事，當然，青春期亦不用為「面子」傷腦筋，

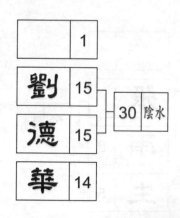

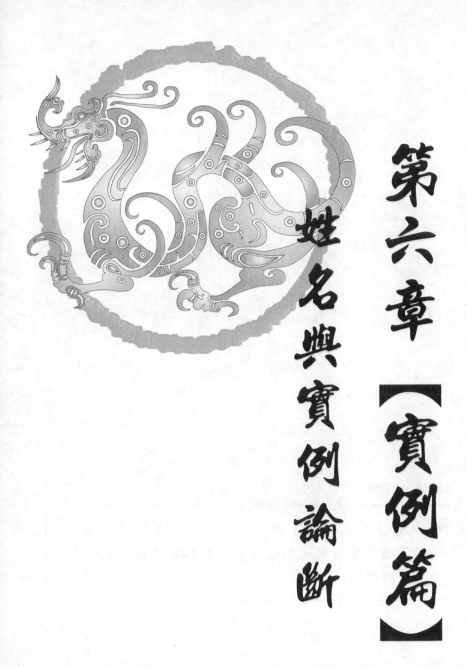

第六章 【實例篇】

姓名與實例論斷

開運小偏方

96年偏財方位在西南方,想在新的一年裡財運滾滾嗎?只要再客廳的西南方上貼一張紅色春聯,包你新的一年財運強強滾喔!

　　好，相信大家上一章應該已經融會貫通了，不熟的讀
者可要多看幾遍喔！現在就讓我們舉些實例來小試身手
吧！下面筆者挑了三個女藝人以及三個小說人物來做範
例，有些人可能會很驚訝，「怎麼小說人物也可以算
嗎？」。當然可以，姓名學就是這麼神奇，不信的話就請大
家看下去吧！

例一　李蒨蓉

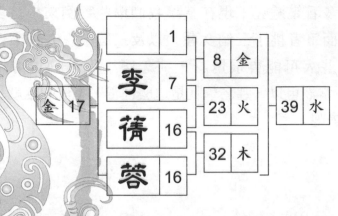

　　她是個很活潑的女生（人格3），注重打扮（人格3），而且不易猜到她的想法（人格3），個性有點像男孩子（人格3），桃花運不錯（人格3），但至於姻緣便不太好（人格去剋天格），對於長輩或上司會有叛逆的傾向（人格去剋天格），但也只有在心裡面嘀咕罷了（陰陽相吸），對朋友會希望能掌握他們（人格去剋外格），介入當中佔有一席之地（人格去剋外格），若有小孩或屬下則會對她很好（人格被地格生），深得下屬的心（陰陽相吸），不過常會覺得身邊的錢不夠用（人格被總格剋），且滿迷信的（人格被總格剋），至於事業滿積極的但有點投機（人格去剋天格），而本身是個被動的人（人格被地格生），有主見（人格去剋天格），EQ高（天格去剋地格），走在時代潮流的尖端（人格去剋天格），會被環境影響她（人格被總格剋），朋友及長輩、上司都對她的事業、人生有幫助（天格與外格去生總

格),適合友人合資(外格去生總格),且是個權威的老婆(人格去剋天格)。

例二　高慧君

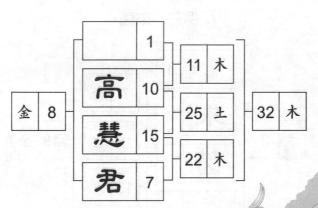

　　她性格穩定且略爲活潑(人格5),是個不急不徐的人(人格5),桃花運很不錯但姻緣有點崎嶇(人格被天格剋),長輩及上司對她會有很強制的要求(人格被天格剋),常讓她不能接受(陽陽互斥),但她卻是個對朋友付出照顧的人(人格去生外格),但給人的感覺並非如此主動(人格被地格剋),若有小孩屬下則需很費心(人格被地格剋),其人生觀算是滿被動的(人格被總格剋),可是運勢還算不錯(陰陽相吸),財運尚佳(陰陽相吸),但還是時常覺得錢不夠用(人格被總格剋),至於思想會被外來的意見左右(天格被外格剋),是個一衝動便可能失控的人(天

格被外格剋），長輩及上司對她的財、運有正面的助益（天格比和總格），但是會被老公吃得死死的（人格被天格剋）。

例三　朱茵

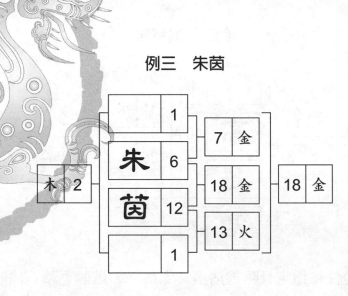

她給人的第一眼印象有點冷（人格8），而實際上也是如此，個性算是柔順（人格被地格剋），桃花運非常不錯（地格3），長輩上司對她不錯（人格比和天格），而她亦會有所回應（陰陽相吸），對父母算是孝順（人格比和天格），對朋友有所要求（人格去剋外格），不過行為還滿柔的（人格被地格剋），若有屬下則會對其心有微詞（人格被地格剋），小孩亦會如此（人格被地格剋），有點叛逆（人格被地格剋），她會去開創自己的人生運勢（人格比和總格），有自己的想法且鬼靈精怪（人格比和天格），同時會

去掌握外在潮流的變化（人格去剋外格），行為跟著潮流走
（外格去生地格），但會影響她的財運（總格被地格剋），算
是個衝動派的人（總格被地格剋），若有另一半則兩人相處
相敬如賓（人格比和天格），但另一半會對她的朋友有點不
滿（天格去剋外格）。

例四　楊過

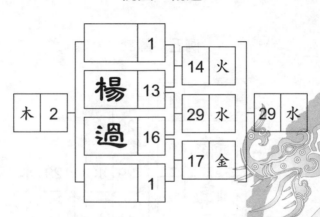

　　他給人的感覺會有捉摸不定（人格9），不知道他在想
什麼的情形（人格9），是個表裡如一的人（人格比和總
格），但是對於長輩的管教不滿（人格去剋天格），心裡頗
多微詞（人格去剋天格），對於朋友則非常好（人格去生外
格），肯付出（人格去生外格），至於人生觀則是肯去努力
（人格比和總格），相對的，有付出便會有所收獲（人格比
和總格），有自己的想法（人格去剋天格），不過想法常會

隨著現實環境而有所改變（天格被總格剋），懂得隨機應變（人格去剋天格），在交友方面則有點挑剔（外格被地格剋），行為上會表現出對於社會的不滿（地格去剋外格），但是這些行為卻也對他的財、運有所助益（地格去生總格），是個滿理性的人（天格去剋地格），會三思而後行（天格去剋地格），行為上屬被動（人格被地格生），願對朋友慷慨解囊（總格去生外格）。

例五　蕭峰

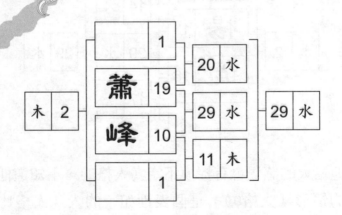

他給人一種一意孤行的感覺（人格去生地格），對於長輩的教晦均可接受（人格比和天格），而且對長輩也很尊敬、孝順（人格比和天格），做事不急不徐（人格去生地格），對於朋氏屬於兩肋插刀非常的付出（人格去生外

格），對於部屬也是很好（人格去生地格），是個肯努力同時亦有收獲的人（人格比和總格），非常的有自己的主張（人格9），不過想法較直接（人格9），會去思考自己有利的環境（天格比和總格），且說到做到（人格去生外格），想什麼便會去做（人格去生外格），所賺到的錢願意花在部屬、老婆、子女的身上（總格去生地格），也會對朋友給予經濟上的支援（總格去生外格），行為上屬主動（人格去生地格），但是屬直腸子（人格去生地格），不知變通（人格去生地格）。

　　這個例子很特別，在小說裡改過名字（本名喬峰），讀者可以算算看有什麼不同，合不合小說裡改名前後的性格轉變呢？改名字到底有沒有效？一算就知道！

例六　韋小寶

　　他基本上是個有牆頭草個性的人（人格2），較無法獨當一面（人格2），外表上會給人斯文的感覺（人格2），有點優柔寡斷（人格2），異性緣好（地格3），但是長輩及上司均對他很好（人格被天格生），不過他卻不太放在心上（陰陰互斥），對朋友屬於有來有往（人格比和外格），你對我好（陰陽互吸），我便對你好（陰陽互吸），你待我差那大家便走著瞧（人格比和外格），但是對於老婆孩子便非如此，反而對他們很好（人格去生地格），令他們倍感溫馨（陰陽互吸），相信肯努力便有收獲（人格比和總格），會去想什麼才是適合自己的環境（天格去生總格），而長輩、上司對他的錢財、運勢都有正面的幫助（天格去生總格），而他亦會回報在他的老婆、孩子身上（總格去生地格），對朋友金錢上的支援得有回報才肯出借（外格比和總格），是個冷靜不衝動的人（天格去剋地格），是個主動的人（人格去生地格）。

後記

開運小偏方

96年桃花位在正東方，還是單身貴族的你，若已厭倦
眾裡尋他千百度，只要在臥室的正東方擺上一盆三朵
玫瑰花，告別單身生活吧！

後記

　　好了，學習到了這裡我們要先告一段落，希望大伙們能多多練習前面章節的內容，基礎真的非常重要，基礎穩了，要再更上一層樓便不久了。

　　學習完了三步斷訣、雙線互動、五格涵意後，還要再學什麼呢？下一本書我們就要更深入的去了解五行的本質、生剋的本質，一切出神入化的判斷皆是由此而來，所以呢，下一本書我們要來談：

　　第七章　姓名與理氣象數

　　第八章　姓名與十干（五行的本質）

　　第九章　姓名與十神（生剋的本質）

　　第十章　姓名與流年運勢

　　第十一章　姓名與機會取捨

　　第十二章　姓名與實例論斷

　　希望大家拭目以待喔！謝謝！

玄宗 心世紀心命能量開發中心

宗旨：知命不是要你認命，知命是要你能「**革命**」！

服務：

宅—古老的智慧・現代環境的應用

命—天上星辰對人生的影響

名—必也正名乎・姓名兩三字・幸福一輩子

卜—落葉知秋・掌握生命脈動的暗示

能量碼—21世紀命理界最突破的應用・革命的必備工具

洽詢專線：0921-165-249**李宗駒**老師

◎**優惠方案：**

1. 憑書中回函可免費鑑定姓名優劣（妻、財、子、祿），已有家庭者須有家人資料，無血緣關係者不可代問（男女朋友），小心衰七天！

2. 特殊事項單獨詢問者，憑書中回函一事200元，已有家庭者須有家人資料，和他人有關者，須有其資料。

3. 欲改名者（鑑定後姓名不良者），每位6000元，第二位家人以上優惠只要3000元。

◎迴向專案：

目前運途不順者或鑑定後姓名不良者，本中心為迴向給有情大眾，使大家更能掌控自己的命運，目前開放「**改名試用專案**」，條件是經改名試用後須每六個月接受追蹤一次，兩年後須接受改名心得專訪並同意心得內容可公開（姓名保密），費用只收工本費**1500元**，名額只限**100位**，請把握改變人生的機會！

◎姓名教學：

目前分為**全修班**及**實証班**，**全修班**課程涵蓋市面上的各類姓名學派以及各學派之真正功效為何，上完後功力已高人一等，而**實証班**著重在多重磁場的互動變化上，此才是姓名學真正的吉凶所在，了解此點才算真正會姓名學！進而能達到「革命」的最終境界！

目前計劃有函授教材，不過要看人數，請先預約。

全修班函授簡介

市面上的姓名學派多不可數，各據山頭，各吹各的調，各說各的好，往往讓真的有心學習姓名學的同好浪費了大把的金錢，虛渡了無數的光陰，到頭來真訣老師留一手，只學到一些皮毛老招，準確度連七成都沒有，許多人

甚至憤而大呼「姓名學無用論」，乃至說其只佔人生3％不到！真的嗎？姓名學當真如此不堪！

江湖一點訣，點破不值錢！看不開的只是這些大師們，留著自己的絕招，又想授課賺錢，真是矛盾呀！更有甚者，自己也沒學精，上個三倆個課程就出來「撈」，更大有人在，嗚呼！實得姓名真訣者何在！

本中心，本著為舊世紀傳薪，為新世紀開路，用心革命，開創心世紀之初衷，於今年初，得宗門之首肯，傳授本門「心易法門」，得此「心易」，將可一統各派姓名學，彼此相融相合，全無矛盾，不用硬拗，誰準誰不準，一切事實為證，名派學理精華秘訣，完全交代，不再藏一手，讓大家省時省錢，免去繞遠路，名額有限，請把握！

課程大綱如下

一、市面上常見姓名學各派簡介，「**玄宗心易法門**」說明，易經與姓名學的解析，筆畫與用字的差異在哪？分不清此，則姓名學突破難上加難！（一堂）

二、「**雄崎氏姓名學**」的介紹重點，準確度分析，以及最重要的祕訣究竟為何？（一堂）

　三、「**太乙姓名學**」的介紹，重點、準確度分析，以及最重要的祕訣究竟為何？（二堂）

　四、「**天運姓名學**」的介紹，重點、準確度分析，以及最重要的祕訣究竟為何？十二等財格真的準嗎？（二堂）

　五、「**甲子乾坤姓名學**」的介紹，重點、準確度分析，以及最重要的祕訣究竟為何？何謂乾坤法？何謂甲子數，您都懂嗎？（二堂）

　六、「**九宮姓名學**」的介紹，重點、準確度分析，以及最重要的祕訣究竟為何？質氣的平衡，質氣的串聯您都懂了嗎？九宮心法盡在陰陽、五行、氣象、時空，這些您都懂了嗎？學九宮有深得者，甚至公司、名號、國家運勢皆難逃掌握呀！（六堂）

　七、「**生肖姓名學**」的介紹，重點、準確度分析，以及最重要的祕訣究竟為何？此派姓名學是目前市面上最多老師使用的門派，也是最多人學習的一種，只是準確度呢？陳水扁庚寅年生，宋楚瑜壬午年生，連戰丙子年生，結果當選的人竟是格局最差的陳水扁，真的叫姓名學的人情何以堪！但在難過之前，請聽吾一言，「您真的學懂生肖姓名學了嗎？」若您真的了解此派重點，相信您會破涕為笑，重奉生肖姓名學為圭臬！得真訣者，自當知吾所言不虛！（六堂）

　　八、最重要的精華「**玄宗心易法門**」，如何一理統三法，三法歸一數！此一數又如何分出絕對時空論，相對時空論！各派別如何統合？如何取用？妻、財、子、祿重點在哪裡？得「心易」一切昭然若揭矣！（四堂）

　　八大重點，共24堂課，費用五萬元，**96年5月底前優惠同好只要三萬元**，名額有限，請把喔！教材採分段寄出，一年內可無限諮詢。

意者請洽：**李宗駒**0921-165249

匯款帳號：土地銀行桃園分行（005）

　　　　　帳號013-005-334432

讀者回函

姓名：_____ 男□　女□　　家中排行 _____

生日：____年____月____日

關係人1：　　　　　　□夫妻　　□子女　　□合夥人　□男女朋友

姓名：_____　□男　　　□女　家中排行 _____

生日：____年____月____日

關係人2：　　　　　　□夫妻　　□子女　　□合夥人　□男女朋友

姓名：_____　□男　　　□女　家中排行 _____

生日：____年____月____日

服務項目

□姓名鑑定（免費）
　　□妻（感情）　□財（財運）　□子（子女）　□祿（事業）

□特定問題（一事200元）
　　問題：_____
　　（關係人的資料需附上）

□一般改名（6000元）
　　已婚者需配偶資料，六歲以下需父母資料

□迴改專案（1500元）
　　已婚者需配偶資料，六歲以下需父母資料，但需接受追蹤及心得專訪

轉帳帳號

土地銀行桃園分行（005），帳號013-005-334432
聯絡人：李宗駒0921-165249（轉帳後請來電）
回函地址：台中市文心南十路208號14樓之5

【附錄】

開運小偏方

96年要考試的朋友們有福了，今年東南方是大文昌位，快把書桌擺到書房的東南方來，抱抱佛腳也不錯喔！

◎ 改名文疏

天地萬物本無名，今既有名父母賜，
父母恩德天地大，於此感謝父母恩。

今　據南瞻部洲中華民國台灣省
居住，弟子庶姓　　庶名　　，原承父母恩賜，德澤猶
如天地，因逢庶名　○不雅　○諧音不佳　○與長上同名
○字意不佳　○行運乖違等，故決定修改庶名為：　　，
嗣後塵世人間呼名均以新名為主，凡有稟報天界庶名，
亦如新名。今擇吉呈疏，誠心敬備香花清茶果品焚香禮
拜，　　　伏乞上天垂愛庇祐，從此業道增進、智竅洪
開、聰明大進、家和人和、貴人顯助、事業順遂、諸事
如意、財運亨通。

今特造　　文疏叩稟
當境福德正神
轉呈
文昌梓潼帝君
三　官　大　帝
玉皇上帝天尊　　　　　　金蓮寶座前
　　　　弟子原庶名：
　　　　於民國　年　月　日　時出生
　　　　今更改庶名為：　　　　　印章
　　　　　　　至誠頂禮叩拜上桌

天運歲次　年　月　日　呈文上疏

◎ 常見字筆畫

一劃

一乙

二劃

丁七乃九了二人儿入几刀刁
力匕卜又乂

三劃

三下丈上丸凡久也乞于兀刃
千叉士土夕大女子寸小尤尸
山川工己已巳巾干弓才万

四劃

丑丐不中丰丹之尹予云井互
五亢仁什仆仇仍今介仄元允
內六兮公冗分切刈勻勾勿化
匹午升卅卞厄友及反壬天夫
太夭孔少尤尺屯巴幻廿弔引
心戈戶手扎支文斗斤方日曰
月木欠止毋比毛氏水火爪父
爻片牙牛犬王仍仏夬殳气爿

五劃

丙世丕且丘主乍乏乎以付仔
仕他仗代令仙仞充兄冉冬凹
出凸刊加功包北仟半卉卡占

卯厄去可古右召叮叩叨司叵
叫另只史叱台句四囚外央失
奴孕它尼巨巧左市布平幼弁
弘弗必戊斥且朮本未末札正
母民氏永玄玉瓜瓦甘生用田
由甲申疋白皮目矛矢石禾穴
立并仜仡仝仚夯宁宄尻戉承
此

六劃

打扔扒扑汁汀氾犯刎氿丞丟
乩亙交亦亥仿伉伊伕伍伐休
伏仲件任仰仳份企伋光兇兆
先全共再冰列刑划刎劣匈匡
匠印危吉吏同吊吐吋各向名
合吃后吒因回团圳地圭圬圯
圩夙多夷夸妄奸妃好她如妁
字存宇守宅安寺尖屹州帆年
式弛戎戍成收早旨旬旭曲曳
有朽朴朱朵次死灰牟牝百竹
米糸缶羊羽老考而耒耳聿肉
臣自至臼舌舛舟艮色虫血行
衣西伎仵伀价圮圪均奸孖屺

疨庄异朾杚机朿朼朳汆玎用
穵帅

七劃

忙忖成扣扛托汝汗汙江池汐
汕污汎汍汛忕忓扞扤扡扦扢
扠汒汜汱汊汔汋汌犴犵串亨
位住佇佗佞伴佛何估佐佑伽
伺伸佃佔似但作伯低伶余佝
佈佚兌克免兵冷別判利刪劫
助努匣即卵吝吭吞吾否吧呆
吳呈呂君告吹吻吸吮吵吶吠
吼呀吱含吟听困囤囫坊坑址
坍均坎圾坐坏圻壯夾妝妒妨
妞妣妙妖妍妤妓妊妥孝孜孚
孛完宋宏局尿尾岐岑岔岌巫
希序廷弄弟彤形彷役忘忌志
忍戒我改攻攸旱更束李杏材
村杜杖杞杆杠杓每求汞灶灼
災灸牢牡牠甬甫男甸皀矣私
秀禿究系罕肖肓育良見角言
谷豆豕貝赤走足身車辛辰巡
邑西里佖伻体佟佘冏劭卲杏
坌坋夆妠妗妢妏妧妡宎宅彸

尪岋岆帊庋庉庌庈庍弅弝彸
忒忎忐旰旲昆杅杇杙杌杈杝
杚杋灯町甹皁耴肙延

八劃

肋肌艾芃忱快忸忪抄抗技扶
扭把找扳抒折扮投抓抑沙沁
沈沅沛汪決沐汰沌汨沖沒汽
沃汲汾汴沆汶沂狄狂玖忨忮
忡忤忺忻怜抵拎沄沃汯沚汥
狃玕玗玓玔並乖乳事亞享京
佯依侍佳使佬供例來侃佰侈
佩佻侖佾侏侑兔兒兩具其典
函刻券刷刺到刮制卒協卓卑
卦卷卸取叔受味呵咀呻呷呼
咐呱呶和呢周命固坷坪坩坡
坦坤坼夜奉奇奈奄妾妻委妹
妮姑姆姐姍始姓妯姅盂季宗
定官宜宙宛尚屈居屆岷岡岸
岫岱岳帘帚帖帛帑幸庚店府
底庖弦弧弩往征彿彼忝忠忽
念忿或戕房戾所承放斧於旺
昔易昌昆昂明昏昕昊昇服朋
杭枋枕東果杳枝林杰板枉松

析杵枚杍欣武氛炕炎炒炊炙
爬爭爸版牧物狀甽的盂盲直
社祀祁秉秈空穹竺糾羌肩肴
肯臥臾舍虎虱初軋采金長門
阜隹雨青非佼佽侉侄侗佪侚
侔侐佫佮匊呦囷囹坯坫坻妲
妹妗宓宕岮岵岬岟岭岢岧峀
弨忞戔戽昃昋杬杶枘枚杺欥
沓淋炪炖疌礿虮豖剎垂政柿
皈咨峇

九劃

肝肚芒芋芍芎芊芃奔快怔怖
怡性拉拌拂抹招披拓拔拋抨
抽押拙拍抱拖拆抬泣注泳泌
泥河沽沾沼波法泓沸泄油況
泗泱沿治泡泛泊泯泠狗玩玨
玟玫玥表怦怲怴泫泔泂泅沴
玤玦玢玠玬亭亮信侯俠俏保
促侶俘俟俊俗侮俐俄係俞冠
前則勇勉勃勁匍南卻厚咬咨
哉咸咳咽品哈咱型垠垣垓奕
契奏奎姜姿姣娃姚威孩宣宧
室客宥封屋峙巷帝帥幽度建
弈弭彥很待徊律徇後徉思急
怎怨扁故斫施春昭映昧是星
昨昱染柱柔柬架枯柵柯柄柑
柚查柏柳柒段毗泉炫炳炬炯
炭炤爰牲牯畏界畎畋癸皇盈
盆省相眉看盾盼矜砂祉祈禹
禺科秒秋穿突紂紅紀紉紇約
美羿耐要耑耶致虹衍衫計訂
訃貞負赳軍軌酋酊重面革韋
韭音頁風飛食首香哆垤垚姮
娍姝姼姵姪疨峖宬帤庤彖拏
昶昡昜昴昘柂柘柰炷昫昄祊
种竑紃虳訇姬效晏晌柴泰彭

十劃

邗迂迆迅迄併者肺肥肢肱股
芳芝芙芭芹花芬芥芯芸芷洰
芫芚芮芼芨芡芩城恍恰恨恢
恆恃恬恫恪恤按拭持指拱拯
括拾拴挑洋洲洪流津洌洱洞
洗活洽派洶洛洹洧洸洩洵洎
洫狩狠狡珊玻玲珍珀玳要峸
恞恇恂恄挏洨洟洼洿洒洊洳
洄洙洺洝洁洐珂珈珅玹珊珆

珋玳乘毫倌倍俯倦俸倩倖倆
值借倚倒們俺倨俱倡個候倘
修倭倪俾倫倉冥凍凌准剛原
厝叟唐哥哲哺哩哭員哪哦唇
哽圃埂埋埃夏套奘奚娑娘娜
娟娛娓娠娣娩娥娌娉孫宰害
家宴宮宵容宸射屑展屐峽峻
峨峰島差席師庫庭座弱徒徑
徐恙恣恥恐恕恭恩息扇拳挈
料旁旅時晉晅晃書朔朕校核
案框桓根桂桔栩栗桌桑栽桐
桀格桃株栓殊殷氣烊烘烙烈
烏爹特畔畝畜留皋益盎眩真
眠矩砰祕祐祠崇祖神祝秤秣
秧租秦秩秘窄窈站笆笑粉紡
紗紋素索純紐級紜納紙紛羔
翅翁耘耕耗耽耿臭臬航舫般
芻茲虔衷袁衽記訐討訌訕訊
託訓訖訏豈豺豹財貢起躬軒
軔軏邕酒配酌釘針釗釜閃隻
馬骨高鬥鬲鬼俵唄娿娖宭宬
峮崀弰恚恬挐旆旂旄栖桎栔
耄耆毨烜烝烔烃畛祜招秫釉

秏竘笈紘紆紟羖羒羘衿衪桶
皎桴牿秅

十一劃

阡阢邢邪邦那邡迎迋迍迌姘
屏既研胖胥胚胃背胡胎胞胤
苧范茅苛苦茄若茂茉苒苗英
茁苜苔苑苓苟苯茆琉胘胂胜
胗苙苤茀苕苫苴苡芙苼卿埡
悄悟悍悔悌悅悖挾振捕捆捉
挺捐挽挪挨捌朗梳浪涕消涇
浦浸海浙涓浬涉浮浚浴浩涌
浹涅㴀㳺狼狹狽狸狷班珮珠
珞罣茞乾停偃偌做偉健偶偎
偕偵側偷偏偭兜冕凰剪副勒
務動匐匿區匾參曼商啞啡啨
啊唱啖問唯唸售啜圈國域堅
堊堆埠基堂堵執培夠娶嫂婉
婦娑婢婚婆婊孰寇寅寄寂宿
密尉專將屜崇崆崎崛崖崢崑

崩崔崟嵃崧巢常帶帳帷康庸
庶庵張強彗彬彩彫得從御徠
徜患悉悠戚戛扈敔救教敗啓
敏敘敕斜斬族旋旌晝晚晤晨
晦晞曹望梁梯梢梓梵桿梧梗
梭梛梅條梟梡欲殺毫毬涎烹
焉焊烽烯爽牽率瓷甜產略畦
畢痕盒眷眾眼眶眸眺祥票祭
移窒窕笠笨笛第符笙笞粒粗
粕絆絃絮紹紬細紳組累紲絨
羞羚翊翎習耜聊聆舵舷舶船
處彪蛇蛀蚶蛄蚵蛆蛋蚱蚯蛉
術袈被袒袖袍袋覓規訪訣訥
許設訟訛訢販責貫貨貪貧敝
趾軛野釵釦釣釧釭釩閉雀雪
雩章竟頂頃魚鳥鹵鹿麥麻偲
偈啽圉圇埡埭菫埼埼埕媕婕
婧婌婭婄婟婈婑孱崋宷崞崤
崚崌崨崦崥崟崎挺晼晡桭桯
梣梩梭梲梏枏梐桾椇栯桸烊
烷焌焄焆時痒眣眯硌裀裖袷
窔窒笳等粔粘紓紬紗絀絉羏
羝翊翏粘舸舳舺舲處虖蚰衕

花袪衫衭訰軒釳釤釪釫釬釱
壼紫斌椓碉械

防阮阪阯邵邸邱邶邯邰拼爲
述迦迢迪迥迭迫迨洴迸唧胱
脂胰胭胴胳脈能胯茫荒荔荊
茸荇草茵茴茬茹茶茗筍茱茨
荃淯貯胺胲莢荽荗莖茜荊茛
茼茯荅荾荋奢庾情悴惜惟惇
掠捲探接捷捧掘措掩掃推掄
授掙採掬排掏掀敝涼淳淙淡
添淺清淇淋涯淑淞淹混淵淅
涵淘淪深淮淨淆淄涪淬淦犁
猜猛琅球理現異疏盛硫統莘
赧掔淀涫涴滓淩凍淶淛洧淖
渌溯涊滔涂倮湻淲澇淛淍琋
珸珵玝琔斑琇珺琋珴玶傍傅
備傑傀傘倣最凱割創勞勝博
喀喧啼喊喜喪喇喋喃單喁喚
喻喬啾喫圍堯堪場堤堰報堡
堝壹奠婷媚婿媒媛媧寒富寓
寐尊尋就嵌嵐崴稀巽幅帽幀
幃幾廂弼復循徨惑悲悶惠戟

扉掣掌捶敝敦敢散斑斐斯普
晰晴晶景智暑曾替期朝棺棠
棘棗椅棟稞森棧棹棒棣棋棍
植椒棉棚款欺欽毯焙焚焦焰
無然焜牌犄犀番痘登發皖皓
短硝硬硯稍稈程稅稀童竣等
策筆答筍粟粥絞結絨絮絲絡
給絢経絳善翔翕聒舒舜蛞街
裁視註評詞証詁詔詛訴診訶
象貂貳貽貢費賀貴買貶貿貸
越超趁距跚跑跆軻軸軼辜酥
量鈔鈕鈉鈞鈍鈐閔閏開閑閒
閎雁雅雄集雇雯雲項順須馮
馭黃黍黑傀傒堙堞媞媚媥媄
媓婼媌媜媓尌嵾嵋崵崳崺崽
崒嵽崹崲崔崿惢惋晬晱晵瞀棨
敧欻欲淼焠焞焯焮焱焲閔惇
惢甯畯晚喬硤砦祜秷竦筊筌
筅栖�絓絖絧絪絏絜絮絺絾
聒祮盻詎詍詀詇詒罣賁趺跙
跕跅軒輎軹軮軥軫軡鈁釚鈇
鈀鈒釿鈊銃鈃鈖雺粧愁粵條
虜釉綿

橢楢榛椿楅楪椹楂楗楺楪楛
楬橡楥楸梗楯楄楁楥楥椳椌
楳樟椹椯煌楔業楚楷楔極椰
楊楨楫楞楓楹榆楝楣楛煎煙
煩煤煉照煜煬煦煌煥煞煨煖
煒煠煡煝煢煃煒煋煯煠煙鉈
鉎鈺鉦鉶銂鉥鈮鉊鉆鉏鉛鈗
鈲銌鉰鉳釽湑淳渼滅港游湔
渡湠湊渠渥渣減湛湘渤湖湮
渭渦湯渴湍渺測湃渝渾渙湎
湝湄湲湻涷湢溧漆湝湳澳湏
湋湙湑湆湉湞渑湡洫湨湫湻
渢溢渼渧湕湤湷湮湞湦湨渶
溫返近陀阿阻附陵陡阽陑
郊郁邰邽郅送逆迷退迺迴
逃追逅迥适迵逐逢造逍渚瓶
脯脖脣脫脩腘脈莎莞荸洗莨
萊芎荳茜莎莙荁荽蒂莌荳逛
莪莢莖莫苜莊莓莉莠荷荻荼
莆莧脘脒脛脬脝脡腕脝莘廊
惺惰惻惴惱愎惶愉愒描揩揉
揆揍插揣提握揖揭揮援換揚

暑楮湟煮猶猴猩琪琳琢琥琵
琶琴琯琛琦琨琮琬琰琫琭琚
赦琭璃琤琯珸琲肅覃飥飯飩
飲飭嵫愔惲惼擋掃掉握揄羬
亂傭債傲傳僅傾催傷傻募勦
勤勢匯嗟嗜嗇嗑嗣嗤嗚嗡嗅
園圓塞塘途塔塡塊塢塋奧嫁
嫉嫌媾媽媼嫆嫈嫋嫄媳嵩嵯
幌幹廉廈彙徬微愚意感想愛
惹愈慍愍愆敬新暗暉暇暈暖
暄暘暍會歲殿毓毽爺牒猷當
畸盞盟晴睫睦睞督睪睬睜睍
矮碎硼碓祺祿禁禽稜稚稠稔
稞稗窟窠筠笙筧粱粳經絹絪
綏義羨群聖聘肆肄舅艇虞號
蛹蜓蜈蜊蜀蛾蜕蜂蠶蜆蜊衙
裟裔裙補裘裊裕覞解詫該詳
試詩詰誇詣話誅詭詢詮詬詹
詻貉資賈賄賃賂賅跡跟跨路
跳跤躲較載軾輊辟農酬酪酩
鈷鉗鈸鉀鉛鉋鉤鉑鈴鉉鈒鉅
鈹鈿閘雍雋雉雛雷電電零靖
靴靶預頑頓項頒頌馳馱馴鳩

鼎鼓鼠鼥傻嗔嘎壋壼嫋嫩嫋
滕媿嫠寝寘嶂嵬嶮嵊幏廙彀
徯徭暌暐暒暔腠楟歆歃煇揵
犎畹畷晢畹睮裸棋稙稗崢筦
筤筴筥筳筱粲絺綆綊綄綖絺
綎綄絹綌綄綹翬羢艄艀娠
蛛蛺蛸蜎蜉蜓蜉蛉蚅船絀訓註
訋誃登豊蒙狁翅軝輅輅輀酮
閔睢雾靳靳靬馭碁裏熙睡筵
綖蜓鑒艶鞁

郎限陋陌降郈陔陏陊郡郝郳
郢邸郭郘郜郜郤莽這逍通逗
連速逝逐逕逞造透逢逖逛途
陵陸睥陶陷述逡崎陫滋腕腔
腋腑腎脹腆脾腌腓菩萃菸萍
菠菅萋菁華菴萊菰萌菌菽菲
菊萎萄茱萇菔菟臘腒脮脽菈
菀菆莉萁菘菡菖萊菢菪萑葷
菇萏菪菭鈃慈愼慌慄愫愴愧
愷搭搏損搶搖榔溢溯滓溶滂
源溝滇減溥涇溺滑準溜滄滔
溪溧溴獅猿猾瑚瑕瑟瑞瑁琿

瑙瑛瑜睹置罩罪誠飴飽飾慊
愫慅愮慆愪慀搒搕搢搯搥搧
滾滈溏滀溟溓溔溱滆滒滉溷
溰溦滏溾滃溒溎溍溤溡溳溧
滊溗溮獂猻猺獀瑄瑊瑋瑒瑑
瑗瑀瑎瑂瑆瑍瑔罫罧罨腄銃
僧僮僖僚僕僑僩兢劃匱厭嘗
嗽嘔嘆嘉嘍嘎團圖塵塾境墓
墊墅壽夥夢奪嫡嫦嫩嫗嫖嫘
嫣寞寧寡寥實寨寢寤察對屢
嶄嶇幕幗幔廓廖彰慇愿態截
敲斡旗旖暢暝榨榕榮構榛榷
榫槐槍榭槌槃榣歉歌滌煽熊
熄熒爾犒犖獄甄疑盡監睽睿
碟碧碩碣禎福禍種稱窪窩竭
端管箕箋算箝箔箏箇粹粽精
綻綰綜綽綾綠緊綴網綺綢綵
綸維緇綬翠翡翟聞聚肇臺與
舔舞艋蜿蜜蜻蜢蜥蜴蜘蜷蜩
裳裴裹裸製裨裯誦誌語誣認
誡誓誤說誥誨誘誑貍貌賓賑
賒赫趙趕跼輔輒輕輓酵酸酷
鉸銀銅銘銖鉻銓銜銑閡閨閩
閣閥閤需靼鞅韶頗領颯駁骯
骰髦魁魂鳴鳶鳳麼鼻齊嘓墉
墐墇嫜嫮嫪嫚嫫嫬嫞嫝嫙嫨
寠寣屣嶂嵺嵸嶐彉幘幓彈彯
愬愻搫塱榶榠槎榰榬榑榙榧
榿榽榤榹槊榪榡榞槇榗榥歊
毃禜熇熀熅熏煻犗獃甃睡碞
禘禋禖禕禔禓禗禈箊箑箐箍
箛箚箙箂粿粺綒綷緂綣綪緁
緀緅緄緆緋緌綯綦綮綩蜮蜡
蜙蜛蜾蜺蜚裧裱裾裼裰覣誖
豩賕踉輐輑輎酺銛鉺銍銚鉹
銗鉿銂鉽鉞銆銌銙銔鉥鋌靺
鞀鞂鞄颭馹髣魠魡魟鳲厮滕
誕髯壿畾蓳

十五劃

郱院陣陡陛陜除陞陟部郭郯
郴郲郬郗慨摒漑腴著萸逮逵
週逸進逶郵嫣逭逯概萬節署
腰腸腥腳腹腦葷落萱葵葦葫
葉葛萼萵葡董葩葭葆裝葜葶
葹葑萰葳葺葸萩萹葯葥裋裎
幣徹慷慢慣慵摘摸摺摑摧漳

演滾滴漩漾漠漬漂漢滿漆漸
漲漣漕漫漪滬漁獐瑤瑣瑪瑰
瑭磁箸緒罰褚豪餃餌餉慞博
慳憎慓慬慎懮慥慪惆撟摕濟
潄漉溥漚潙渾潃潩瑝凅潒瑢
瑳瑱瑲瑮億儀僻僵價儂儉劇
劈劉劍厲嘻嘹嘲嘿嘴嘩噎嘶
嘯墟增墳墜墩墦奭嬉嫻嬋嫵
嬌嬈寮寬審寫層履嶝嶔幢幟
幡廢廚廟廣廠彈影德徵慶慧
慮慕憂感慾慾戮摩摯摹敵敷
數暮暫暴樣樟椿樞標槽模樓
樊槳樂樅樑歐毅毆漿熟熬熱
犛獎瑩畿皚盤瞎瞇瞌瞑瞋磋
磅確磊碼磐稼穀稽稷稻窯窮
箭箱範箴篆篇糊締練緯緻緭
緝編緣線緞緩緲緹罷羯翩耦
蝴蝶蝠蝸蝙蝗蝌衝褐複褓褕
諒談諄請課諉調誰論誹豌豎
賠賞賦賤賢賣賜質趟趣踐踝
踏踞輝輛輟輩輪輻輞輥醇醉
醋醃鋅銻銷鋪鋁銳銼鋒鋃閭
閲霄霆震霉靠鞏頡頫頜颳養

駝駐馳駛駑駕駒駙髮鬧魅魄
魯鴉麾黎墨齒儌噌嶠圜墡嫶
嬉嬈嬑嬋嶢嶓嶠幝幪廞奱嶄
暵瞞楠樗樺槌槿楷樛樅槷槦
槫樘楓槤槴氁穎頴熯熛熰熠
熾熿熤熤皞皡皛罳碻碼磏磌
磑磈禚禙禜禜禛積竂篋篎稍
緷緼緰緗緫緈緷羬褕蝰蝵蜿
蜴蜎蝯褌褘綺諆諓誾䦛賫趨
踣踖輬輗輑輗醅醊醄醃鋐鋦
鋙鋥鋏鋄錁銅鋝鋌鋂鉛銃鋍
鍊鋠鋞鋡鋬閵雪霈霖靚頖頌
獂駏駒駘鼎嫺整瓢積築興緼
疏銹都陪陳陰陂鄂鄖陲撝潙
鄆鄧鄏鄣郊郜鄃運遊道逐達
逼違遐遇遏過遑逾遁遒遏遄
撇撤澈膀膏膈膊腿臀蓉蒿蒨
蓄蒙蒲蒜蓋蒸蒜蓓蔲蒼蓑蓊
鉼潊澀媵膃脋蒡蒟蒩蓂蒹蒴
蓁蓍蒲蓐蓻蒨蓏蔽幢憐憫憎
憬憚憤憔憮撞撲撈撐撰撥撓
撕撩撒撮播撫撚撬撙潼澄潑
潦潔澆潭潛潸潮澎潺潰潤潘

潯撰瀉獥璋璃瑾璀緘罵衛諸
諛豬賭赭餕餘幀憋憕憛憭慄
慣憍憛擴撜撣撟橯濂澇頏澍
澂漸潢濙瀟潤潭澂稍潒潐潗
潚潎澂潜澮潗潕潠濹瀾澕潤潛
獠璇璉璆琮璈

十六劃

都陪陳陰陬鄂鄍陲撝潙鄆鄧
鄘鄣郊郤鄉運遊道遂達逼違
遐遇遏過遑逾遁逎遏遄撇撤
澈膀膏膈膊腿臍蓉蒿蓆蓄蒙
蒲蒜蓋蒸蒜蓓蒐蒼蓑蓊鉼潄
溹膝膃脋蒡蒟蒺蒖蒹萠蓁薯
蒱蓐蒻蒨蓏蔽憧憐憫憎憬憚
憤憔憮撞撲撈撐撰撥撓撕撩
撒撮播撫撚撬撙潼澄潑潦潔
澆潭潜潗潮澎潺潰潤潘潯撰
潙獥璋璃瑾璀緘罵衛諸諛豬
賭赭餕餘幀憋憕憛憭慄慣憍
憛擴撜撣撟橯濂澇頏澍澂漸
潢濙瀟潤潭澂稍潒潐潗潚潎
璉璆琮璈艕舖儒儔儐儕冀凝

勳噫嚚噤噪器噥噱噯壁墾壇
壅奮學寰導彊憲憑儆戰曆曉
暹曄曇曀樽樸樺橙橫橘樹橄
橢橡橋橇樵機橈歙歷熾燉燐
燒燈燕熹燎燙燃燄甌薨盧盥
瞠瞞瞟磨磚磬磧禦穎穆穌穆
窺篙篤篛篡篩糕糖縊縑縈縛
縣縞繽縉縐翰翮耨臻螟螞螢
融衡褥襫褡親覦諦諼諫諱謨
諜諧諮諾謁謂諷諭諮諶諼豫
賴蹄蹀蹂蹁踵輻輯輸輳辨辦
錠鋸錯錢鋼錫錄錚錐錦錡錕
錮錙閣雕雲霑霖霍霓霏靛靜
覦鞘頰頸頻頷頭頹頤餐駭駱
骸骼髻鮑駝鴣鴦鴨鴒鴛默黔
龍儜叡噲噞圜壈壂嬋嬌嬈嬰
嬝嬙寯嶧嶮嶙嶦嶹廩廦獧徼
憨憩恖瞳暾曋暉樴橦橪檜橦
樿橄橑橅檟橲樅縈橋橄橞橖
橾橳椆橎橆潞潭燔燇輝燁燋
燔燊燀燆幢暲瞙礁硼稼糜穆
寠窠篋簀簎糗糟縒繢縟穀縣
縜縢縋營潕觖蝥蝽蝼螈蟡蜍

膗螞蜠蛳螉褞裟褟誼諢諲諴
謅諤諟諗謅謐�諨賳賷賴
蹀踢踽踰輴輇輅輈醐醋醍醏
錧錞錜錆錏錣錸銘錝銑錕錒
鍆錯鉶鍆鋻蓥閼閫閣閞閛閟
鞃靜駮駃鉈魟魽鮒鮐魺魽鴡
駕塵槀麩默澀篠錘翮

十七劃

陼鄉隊階隋陽隅隆隍隄陝限
陻隃鄒鄗鄑鄍鄏鄑郉鄔郎遠
遘遜遣遙遞遏遛餅徒腔膜膝
膠膚蔗蔚蓮蔬蔭蔓茂蔣蔡葍
蓬蓿淩濆腔膊菡蔀黃蔸蔟彗
蔫蔈蓴蔪蓷蓼蓮茘蓽蔞嵳蔟
蓨蓯蓹菽懍憶憾懊懈擅擁擋
撻撼據攄擇擂操撿擒擔撾濂
澱澡濃澤濁澧澳激澹澶澯澠
澴獨璜璘璞瞥罾義艘醒館餞
餛餡餚蠎憿懆憒懌憸擗擐撤
撦撖擃溠澣澢澥濔湤過濾濾
濴澀澥澮澴澪濧濊澢蕊潐濼澡
淰猥獫獪璠璿璔璕尉謔餒優
償儡勵嚎嚀嚅嚇壕壓壑壚嬰

嬪嬤孺檻屨嶼嶺嶽嵘幫彌徽
應懂懇戲擎擊擘斂曖檀檔橄
檢檜檣橾檠檊檾殮毚氈燧營
燮燦燥燭熾燠牆癆療盪瞳瞪
瞰瞬瞧瞭矯磷磺磴禧禫穗窿
簇簍篋蓬簌糠糜糞糟糙糝縮
績繆縷縲繃縫總縱繰繁縳縹
繈馨翳聲聲聰聯聳臨舉艱虧
蟀螳蟆螫螻螺蟈蟋藝褶襄褸
覬謎謗謙講謠謝膽謐谿谿闆
賺賽購臏賻趨蹉蹕蹈蹊轄輾
轂轅輿醞醜鍍錯鍵鍊鍥鍋鍾
鍛鍰錫鍔闊闋闌闈隸雛霜霞
鞠韓顆颶騂駿鮮鮫鮪鮭鴻鴰
麋黏點黜黝黛齋嚙壖壔嬭嬥
嬲嬫嬬嬧嬬嬥嬰蕴窵窾嶹幬
幪懃懟懋曒檥檁檉櫃檞檄檄
檷檗隮檷檟檥檥薽歛殭毼槳
燡燠瞵癇皤瞵暳瞶燴磽磻禫
機穜穛橋窵窺竂簏篝簀簫
簜篳篲簊籈蓗椶蓡蓧篰篰縰縡
縌縫絑綜縻縶緊縞蟲蟎蟟螵
蟙螯蟄蟊蟨螽螉禍襁襏覯轂

152

謞謜謑謐謘謏譣謷謇謍諑謚
賺穀豀谿貌餹踢蹱寨轅輻醾
醅醡醛醯鋯鍖鐒鍼鍘鍜鍉鍑
鍠鎞鏊鏑鍾鍱銀鎖鎬闇闈闋
霚韘鐵鹹騂駸駿骾鮚鮨嬝鴞
鴰駕點黻黿齔龠

十八劃

隘隔隕蔫鄙鄘鄞隙鄆鄘鄠鄢
鄭薇適遮遨遭憒邀遬翺膳膩
膨蕊蕙蕈蕨蕩蕃蕉蕭蕪葭遲
駢嚕橐媵曉膫膰臑膲膧董蕓
蕘棘蓐蕡蕑蘭蔡蕎蕕葀儲嚏
孺戴擠擰擦擬擢攇斃曙濘濱
濟濠濛濤濫濯濬濡濩濕濮濰
爵獰獲璩環璦璨翼蟒憒懨憺
懞擯擣擡濔濜濫濞瀁獮獯璹
璪璐璪璱璬罿廚鎡餬餳叢嚕
壙壘嬸彝蕙戳斷曜朦檳檬櫃
檻檸櫂檮檼欬歸殯燻燼燾燸
壁甕癖癒瞽瞿瞻瞼礎禮穡穢
穠窾竅簫簣簪簞簀糧織繕繞
繚繡繪繙翹翻職晶舊嶢蟬蟲
蟠覲觴謨謹謬謫豐贅蹙蹣蹤

蹟蹕軀轉醫醬鼇鎔鎝鎖鎢鎮
鎬鎰鎘鎚鎗闔闖闐闕雜雙雛
雞霤鞦鞭韙額顏題顙颺饔馥
騎髁鬃鬆魏鯊鯉鰷鰠鵑鵝鵠
點鼬嚘曝噛嫏屬巇幗幬懟爆
懿懷曚曛曛㰈檽檬櫨欄棍氄
燿爒燹皻磢礓礐礎礑㩮檜穇
蕩簙簚簞簽簾簫繰繐繳繢
繹繑繗緝縝旛翻幢虓螬蟬螳
蟥蟜蟣蠆襓襖襅褕襠謼謴謤
謾讟謥謷謷謤謻謬貙貘貗贅
蹢蹠蹣跣瞽轆醨醑醪鎛鎛錫
鎧鎵鎪鎎鎦鎈鎈鎰鍙闚闔
闞鞰鞾雟雝霣霦鞥鞎韘鼇
鞥韙韥颿騏騞髀鬈鬌魱鯁鯰
鯛鴿鼆飮鵡襑闟鎌聽

十九劃

障際遷鄰鄭鄧鄱鄯鄲鄮鄰遵
遴選遼遺牘遶通櫛臆臃膺臀
膿膽臉膾薪薄蕾薔薜薇蔪薊
膻臁臊膕薀薏蕻薙蕷黻薆薤
薈薢薈蘿稜薟薌擴擲擾擺擻
擷瀉潘濾瀆潦瀑瀏獵璿薦覆

轍離饒擿擄撒瀇瀍瀅濼璿瑢　臑蘝薵薵嶷蓋蕹薷龐瀛瀟瀨
璵瓈響譆蟄醮饈餼儵嚧壞壟　瀚瀝瀕瀘獺瓊羅譜踏饅饉擄
壢寵龐廬懲懷懶攀曠曝櫝櫚　攉櫧櫜瀨瀧瀠濯瓅璠冪羆黿
櫞爆爍牘犢獸璽瓣疇疆癡矇　饈嚶嚴嚼壤孀孃孽寶巉懺曦
礙禱穠穩簾簿簸簽簷繫繭繹　櫬爐獻礦礪礬礫寶競籌籃籍
繩繪繳羶羹臝蟻蠅蠍蟹襠襟　糯糰辮繽繼纂罌耀艦蠔蠕襤
襖襞譁識證譚譎譏譆譙贈贊　覺觸議譬警譯譟譫贍蕚躁躅
蹼蹲蹶蹬蹺蹴轔轎辭醱醮鏡　躂醴釋鐘鐃鏽闡霰飄馨騫騰
鏑鏟鏃鏈鏜鏝鏢鏰鏤鏗鏨關　騷鰓鹹麵黨齟齣齣齡譽孅嶬
難霪霧靡韜韻類願顛颼鶩騙

鯨鯧鯖鯛鶉鵲鵬麒麗麓麴嚦　隴鄺薯避邊還邁邂邀爔遵臍
嚧壚壝墉嬾嬬寵憻龐膾曨櫟　臏藏藍藐藉薰薺薹瀦薵薿蓋
櫟櫝櫞歠氈爇懶犢羆牋礦礦　蘝薵薷龐攏瀛瀟瀨瀚瀝瀕瀘
䅟積簳簹縶繢繰繾繯繲罋　獺瓊羅譜踏饅擄櫧櫜瀨瀧瀠
瀲翽翾犦蟺羸蟶蟷蟓蠋蠆　濯瓅璠冪羆黿嚶嚴嚼壤孀孃
禮襚襤襡襘襝襗觶譊譈譊　孽寶懺曦爐獻礦礪礬礫寶競
譈譓譖譔譕譑譚譒徽貓贇贉　籃籍糯糰辮繽繼纂罌耀艦蠕
趬趨蹭蹸蹹蹯轕轔轎轗醲醳　襤覺觸議譬警譯譟譫贍蕚躁
鏽鏇鏰鏚鏐鏀鏌鏵縱鏊鏑鏈　躅躂醴釋鐘鐃鏽闡霰飄馨騫
鏨鬓韝韞顙鶻飆髂靉鮍鯤鯢　騰騷鰓麵黨齟齣齡譽孅嶬廯
鯕鯡鵰龐黼齗齗齗勸懸譬譅懿　曨曦曘櫪槷爛爍曠曨矍礨繻
隴鄺鄫薯避邊還邁邂邀爔遵　繾纁糯蘋蠐蠑蠓襦讀濃譣蹷
邃臍臏藏藍藐藉薰薺薹卿瀦　躄轘轖轗轘釀醳鐓鏻鐏鐔鐵

鐐鐙鏽鏵鐎鐩鏷闞闠闡颸驍
鰈鰉鶡鷔鷖鶊皪齜齠龔欄犧
露歸

隧隨險隩鄹邇邈籀臘藕臆藜
摩攘攔攪瀾瀰瀲瓏饒饑攝攜
欄瀷瀅淪瀗獷獼饁饎饌饙儷
囁囂屬巍曩櫻檽爛籐纏續蠣
蠱蠢襪襷譴護譽贓躊躍躋轟
辯醲鐳鐵鐺鐸鐲鐫闢霸霹顧
顥驅驃驀騾髏魔鰭鰥鶿鶴鵁
竆黯齦齧嬌孁罐罍欉橇欅欀
爐龕矐礔礏橋纊纇纈繮纍罍
穋蠻巍濠譸譺矓趲轇鐶鐷鐈
鐵闤闥霰鞻顢飆驂鶩魷鯑魳
鶒鵁鶻騫孀贛

隱隰爾鄽鄿藤諸邊邌磚朧臚
藻藹蘭蘆蘋蘇蘊囓囉膿蘿攛
蘖蘄蘅蘗鐯懼儴攝攜灌瓖瓔
覽響饗灃灘熻獾饘囊囉孌
巔巒孌權歡疊癬襄籠籟聾襲
襯讀贖蹦躓孌鑄鑑霽霾韁顫

饕驕驍鬚鱄鰾鷗鷖鼮齬齯龔
變巇欋氍爟犦穰籌籙籛籚欏
纙艫蠶爐蠱蠻籠覿讄躕躘躒
躐輴轢鑌鑐鑔鑮鑕竂驊鷟鷝鱒
鰲鷔觫竊矐黐

隮鄼鄽夒蘭蘚贏襄邍蘩襀攤
灑灘鷟攤攢瓚瓛璲曭羇鷥嚴
戀攣籤籥纓纎纏蟲變鑛鑠黶
顯饜驚驛驗髓體鱔鱗鷟麟徽
壥孅爐孌孌欑欒欋遱孃蠾蠾
襴襳譾瞥讅躘轤轥鑢鑌韅鬢
鱒鱘鱙鱠鵒鷸鷦鷟鶹鱉齂鷺

隴鄽臟臛攫攪瓛懾攃獮襻囑
壩癱矗矗矗讓讒讖艷釀鑪鹰
靈靄轝驟鬢鷹鹼鹽齷齲孅曨
曬欖燨礦襀纗蠾讔讕躞躟躝
醽鑫鑱鑹贛髖鱣鱧鱠鵒

二十五劃

蝨鄼酄酅臠醻蘿蘺蔾灦羈灝
灡灝瀸璷醼廳欖籬籮蠻觀躡
矕鑲鑰顱髖鬣欛欔欙欚矔礦

纘巒襬欏讔謹鑄鑭鐵鑱靉鱛
鱕玁

二十六劃

酆邏灣饞饟矘讚鑷韆鑪籬蠻
釃鑴鑾驘

二十七劃

蘨灤驥纜讜躪釅鑽鑾鑼鱷鱸
蠿讟躩顳顴驤驦鸕鑿灩

二十八劃

灝饡豔鸚戀鑶鑮驪

二十九劃

蘿驪鬱鸛

三十劃

鸞鸝

三十一劃

虌

156

台灣出版史上首次大規模典藏發行，系列叢書包含百餘種
中醫臨床實用好書，歡迎選購，下列為已發行的書籍。

書　號	書　名	作　者	定價
LG001	分經本草	姚　瀾	180元
LG002	藥症忌宜	陳　澈	120元
LG003	跌損妙方	異遠真人	80元
LG004	金匱翼	尤在涇	350元
LG005	補註銅人腧穴鍼灸圖經	王惟一	80元
LG006	舌鑑辨正	梁玉瑜	120元
LG007	仙傳外科秘方	趙宜真	120元
LG008	保嬰易知錄	吳寧瀾	200元
LG009	雞峰普濟方 (丹藥篇)	張　銳	100元
LG010	增補經驗喉科紫珍集	朱翔宇	120元
LG011	醫學白話	洪壽曼	90元
LG012	醫方論	費伯雄	90元
LG013	小兒藥證直訣	錢　乙	120元
LG014	新刻藥證類明	張　梓	250元
LG015	藥性賦・炮炙大法	繆希雍等人	120元
LG016	神農本草經	顧觀光	100元
LG017	傷寒三字經	劉梣勳	90元
LG018	本草述錄	張　琦	280元
LG020	珍珠囊二種・藏府標本藥示	張元素	120元
LG023	辨脈平脈章句・重訂診家直訣	周學海	120元
LG024	中國實用藥物學	趙賢齊	80元

上述書籍定價僅供參考，實際價格仍以出版品所標示為主。

郵政劃撥
戶名：文興出版事業有限公司　　帳號：22539747

中醫臨床經典系列

分經本草

藥症忌宜

跌損妙方

金匱翼

銅人腧穴鍼灸圖經

舌鑑辨正

仙傳外科秘方

保嬰易知錄

巔峰草濟方

增補經驗眼科藥珍集

醫學白話

醫方論

小兒藥證直訣

新刻藥證類明

藥性賦·炮灸大法

神農本草經

超簡單！讓你成為姓名學大師

出　版　者：文興出版事業有限公司
總　公　司：臺中市西屯區漢口路2段231號
電　　　話：(04)23160278　　傳　　真：(04)23124123
營　業　部：臺中市西屯區上安路9號2樓
電　　　話：(04)24521807　　傳　　真：(04)24513175
E-mail：79989887@lsc.net.tw
作　　　者：李宗駒、周育宗
發　行　人：洪心容
總　策　劃：黃世勳
主　　　編：陳冠婷
執行監製：賀曉帆
美術編輯：林士民
封面設計：林士民
印　　　刷：上立紙品印刷股份有限公司
地　　　址：臺中市西屯區永輝路88號
電　　　話：(04)23175495　　傳　　真：(04)23175496
總　經　銷：紅螞蟻圖書有限公司
地　　　址：臺北市內湖區舊宗路2段121巷28號4樓
電　　　話：(02)27953656　　傳　　真：(02)27954100
初　　　版：西元2007年4月
定　　　價：新臺幣160元整
ISBN：978-986-82920-5-5(平裝)

MK 002

本書如有缺頁、破損、裝訂錯誤，請寄回更換

郵政劃撥　戶名：文興出版事業有限公司　帳號：22539747

本書插圖感謝富爾特科技股份有限公司提供

國家圖書館出版品預行編目資料

超簡單！讓你成為姓名學大師 /李宗駒、周育宗 作.
--初版.-- 臺中市：文興出版，2007〔民96〕
　面；　　公分. --（　）
　ISBN 978-986-82920-5-5（平裝）
　1. 姓名學
293.3　　　　　　　　　　　　　　96002556

展讀文化出版集團
flywings.com.tw

展讀文化出版集團
flywings.com.tw